外国籍だと調停委員になれないの？

日本弁護士連合会◉編

発刊の辞

本書は、各地の弁護士会が推薦した外国籍弁護士の調停委員候補に対し、最高裁判所が「当然の法理」を理由に採用を拒否している状態が二〇〇三年から現在まで続いているのを踏まえ、外国籍だと調停委員になれない理由は何なのかを問うものです。

調停は、離婚を例にとると、お互いの関係が破綻し、離婚の原因や、子どもの親権などをめぐって意見が合わないときに、弁護士や社会経験のある一定の年齢以上の人が、調停委員として双方の言い分を聞いて、解決案を調整し、双方が一定の条件に同意すれば、調停調書が作られ離婚が成立するといった流れをたどります。双方の言い分が平行線であれば、合意ができないことになり、訴訟で争うことになります。このように調停委員の主な役割は調整役であるといえます。

また、前述の当然の法理とは、「公権力の行使又は国家意思の形成への参画に携わる公務員となるためには日本国籍を必要とする」が、「それ以外の公務員となるためには、日本国籍を必要としない」という内閣法制局の見解に基づくもので、非常勤の国家公務員である調停委員は後者に該当すると考えられます。

このように調停委員は調整機能を担い、かつ公権力を行使する公務員ではなく、外国籍弁護士も調停委員になることはできるように思われます。実際、過去に外国籍の弁護士が調停委員になった例があります。

詳しい内容は本書に譲りますが、調停制度は日本人だけが利用するものではなく、外国人と日本人、外国人同士の離婚などにも利用されます。多文化共生社会の中で、国籍を問わず、多様な知識のある有能な人材を確保することこそが求められるのではないかと思料されます。

二〇二二年、調停制度創設後一〇〇年を迎えました。当連合会は執行方針として多文化共生総合窓口との連携による外国人住民に対する司法アクセスの拡充を掲げています。年々調停制度を利用する人が増え、国際化が進む中、裁判所に対しては、様々なニーズに応える制度改革が期待されます。最高裁の現在の運用は、調停委員の資質に関係なく、国籍というだけで、その採用の是非を決めるもので、差別的な取扱いであるとともに、国際化に逆行するものとも言えます。本書の発刊が、外国籍調停委員の実現の一助になれば幸いです。

二〇二三年三月

日本弁護士連合会会長　小林元治

はじめに

吉井正明

1　外国人の司法参画の現状――調停委員、司法委員、参与員採用からの排除

事の発端は、二〇〇三年一〇月に兵庫県弁護士会が、神戸家庭裁判所からの家事調停委員推薦依頼に対し、韓国籍の女性会員（梁英子弁護士）を候補者として適任であるとして推薦したところ、同家庭裁判所から「調停委員は、公権力の行使又は国家意思の形成への参画にたずさわる公務員に該当するため、日本国籍を必要とするものと解すべきであるので、最高裁判所に上申しないこととなった」という説明がなされ、採用が拒否されたことだった。

私がこの事を知ったのは、二〇〇四年一〇月に開催された日本弁護士連合会（日弁連）人権擁護大会の第一分科会のテーマだった「多民族・多文化の共生する社会をめざして――外国人の人権基本法を制定しよう」の実行委員会の報告書作成の合宿の時だった。私はこれを聞いて大きな

衝撃を受けた。というのは、梁さんは私の事務所で修習しており、その真面目な人柄に惚れ込んで、私が所属していた神戸合同法律事務所に入って欲しいと誘った経緯があったからである。残念ながら私が所属する事務所への入所はかなわなかったが、神戸で弁護士登録して、弁護士業務の他、弁護士会の委員会にも積極的に参加して、周りからもその能力が評価され、家事調停委員推薦に至ったのである。

この最高裁判所の対応に憤りを感じたのは、私自身、司法試験に合格したときは台湾国籍で、当時の台湾の国籍法では男子は四五歳まで国籍を離脱できない事になっていたために帰化ができず、一九七二年に外国籍のままで司法修習生の採用を求めたが、当時最高裁判所の採用選考要項で日本国籍を有しない者は欠格事由と扱われ、外国籍のままでの修習を拒否されたことがあったからである。

この採用選考要項は、金敬得弁護士の頑張りで、一九七七年に欠格事由が改訂されて国籍条項に「(最高裁判所が相当と認めた者を除く)」という括弧書きが付され、以後外国籍のままで修習生が毎年採用され、二〇〇九年には採用選考要項の欠格事由から国籍条項が削除された。

最高裁判所は外国籍者を修習生から排除したことは誤りと認めたのに、今度は、外国籍者は調停委員になれないなどと言い出してきた。憲法の番人である最高裁判所はなんと人権感覚のないところかとあきれかえってしまった。しかも、後で詳しく述べるように、民事調停委員及び家事調停委員規則では外国籍者は欠格事由になっていないのである。法的根拠もないのに、平気で人権侵害が行われていいのだろうか。これを契機として、以後各地の弁護士会が推薦した調停委員のみならず、司法委員、参与員の採用も認めないという暴挙が続いていくのである。

二〇〇六年三月に東京弁護士会が韓国籍の会員を司法委員に推薦したところ、同じ理由で採用が拒否された。二〇一一年一〇月、岡山弁護士会が韓国籍弁護士を参与員として岡山家庭裁判所に推薦したところ、同じ理由で採用が拒否された。

二〇〇三年の兵庫県弁護士会の調停委員の採用拒否に端を発し、外国籍弁護士の司法参画が排除されている状態が今日まで続いているのである。

2 最高裁判所の見解とその問題点

(1) 第一の問題点

最高裁判所の取扱いはいわゆる「当然の法理」に基づくもので、最高裁判所の事務担当者は、①調停委員が調停委員会の構成員として、その決議に参加すること、②調停調書の記載が確定判決と同一の効力を有すること、③調停委員会の呼出、命令、措置には過料の制裁があること、④調停委員会は、事実の調査および必要と認める証拠調べを行う権限等を有していること、などを根拠に、調停委員が「公権力の行使または国家意思の形成への参画にたずさわる公務員に該当する」と述べている。

しかしながら、この見解には次のような問題点がある。

調停委員については民事調停委員及び家事調停委員規則、司法委員については司法委員規則、参与員については参与員規則でその採用要件が規定されていて、それぞれの規則には欠格事由の規定があるが、外国籍者は採用してはいけないという規定（欠格事由）は存在していない。最高裁判所のいう「当然の法理」は、規則にもないのに、どうして採用されないとすることができるのか、この「当然の法理」はどういう経過を経て出てきたのか、その法的根拠は何なのか。

（2）第二の問題点

最高裁判所は調停委員等の職務について先述の①～④の理由を挙げて「公権力行使を担当する」公務員だからだめだとするが、調停委員及び司法委員のいずれも、当事者の合意を斡旋し、解決に導くことをその職務内容とするもので、参与員は裁判官に意見具申することをその職務内容とするものである。また、調停調書は当事者が合意してはじめて成立するもので、いずれも調停委員が強制的な権限を持つものではない。このような職務内容なのに、本当に「公権力を行使する者」といえるのか。

（3）第三の問題点

現在日本には三〇〇万人に近い外国人が居住している。日本国籍を持たずに弁護士になることも認められている。

これまで、各地の弁護士会から調停委員に推薦した外国籍の弁護士の中には、地方の弁護士会の会長や副会長、日弁連の副会長になった弁護士もいれば、日弁連や地方の弁護士会の人権擁護委員会の委員長になっている弁護士もいる。

同じ弁護士なのに、国籍が違うというだけで調停委員等になれないというのは、国籍による差別で、憲法が保障している法の下の平等や幸福追求権、職業選択の自由に違反しているのではないか。

憲法だけでなく、日本が批准している自由権規約や社会権規約、人種差別撤廃条約などの人権諸条約でも差別禁止を求めている。

憲法の番人である最高裁判所が憲法違反や条約違反をしているのではないか。

（4）第四の問題点

現在、日本は外国人が多数居住している多文化共生社会であり、外国人と日本人、外国人同士の離婚の問題、相続や生活上のトラブルで調停制度等を利用するケースが増えている。これらの紛争解決の手助けをするためには、国籍にこだわらずに、異国で調停制度を利用する外国人の立場（不安）や歴史・文化・法制度などへの理解のある調停委員等の人材の確保が求められている。このような多文化共生社会の現状からすれば、国籍を問わず、多彩・有用な人材を採用することこそが求められているのではないか。

（5）第五の問題点

実は、過去に外国籍の調停委員が採用されたことがある。一九七四年から一九八八年まで一四年間にわたって、中国（台湾）籍の大阪弁護士会会員が大阪の簡易裁判所の民事調停委員として任命されていた。

また、弁護士になるためには、司法試験に合格してから最高裁判所のもとで司法修習を受けることになるが、前述の通り、一九七六年までは採用選考要項において外国籍を欠格事由としていた最高裁判所は、一九七七年からは採用に至り、二〇〇九年には国籍条項自体が撤廃された。

このように見てくると、最高裁判所の見解は変更不可能なものではなく、情勢に応じて変更することができるのである。しかも調停委員については過去に先例があり、現在の多文化共生社会では国籍を問わずに有能な人材を登用する必要がより高まっているのに、なぜ頑なに採用を拒否し続けるのか。

3　日弁連を含む弁護士会の見解

二〇〇三年に最初に採用を拒否された兵庫県弁護士会は、近畿弁護士会連合会（近弁連）に問題提起し、二〇〇五年一一月の近弁連大会で「外国籍者の調停委員任命を求める決議」をあげ、日弁連は、二〇〇九年三月一八日に「外国籍調停委員・司法委員の採用を求める意見書」を、二〇一一年三月三〇日に「外国籍調停委員任命問題について（要望）」を、最高裁判所に提出した。調停委員、司法委員、参与員の採用を拒否された単位会のみならず、そのほかの多数の単位会からも採用を求める会長声明等が最高裁判所に送られている。調停委員等は公権力の行使を担当する職種ではないし、法令にない理由で拒否するのは法秩序に反すること、憲法の平等原則、幸福追求権、職業選択の自由に反することなどがその理由である。

国際社会では、二〇一〇年三月、二〇一四年八月、二〇一八年八月に人種差別撤廃委員会での総括所見で外国籍調停員の採用勧告がなされている。

なお、日弁連を含む弁護士会の取り組みの詳細は、第1部第3章「裁判所の対応とそれに対する弁護士会の取り組み」を参照いただきたい。

本書は、二〇〇三年の外国籍調停委員の採用拒否から一九年経過した今でも最高裁判所が弁護士会の外国籍弁護士の採用を拒否し続けている現状と、最高裁判所の見解の五つの問題点、最高裁判所が採用を拒否している理由になんら正当性がないということを、広く市民のみなさんに知っていただくことを目的としている。最高裁判所に対し、国籍の如何を問わず有能な人材を登用して、市民が本当に必要としている調停制度が実現できるよう、共に声を上げていただければ幸いである。

外国籍だと調停委員になれないの？

目次

第1部　現実編

第2部　非常勤公務員と国籍

第3部　理論編

第1部　現実編

第1章

私が当事者に?!

梁英子

1　はじまり

二〇〇三年は、三月に「世界にひとつだけの花」（SMAP）や「さくら」（森山直太朗）が発売され、八月に小泉首相は例年どおり靖国神社を参拝、九月に阪神タイガースが一八年ぶりにリーグ優勝した年だ。

当時私は四六歳、弁護士になってちょうど一〇年経ち、勤務先から独立後三年目、子どもは中学生に成長し、いよいよ仕事に打ち込もうという頃だった。

いつも当事者の代理人として事件に関わっていた自分が、「当事者」になり、以後一九年間、弁護士を引退するまで「当事者」であり続けたきっかけは、一本の電話だった。

2　弁護士会の推薦

「弁護士会から会員に家裁調停委員の希望を募った件に応募されているが、裁判所に推薦してよいか」という照会だった。

その年、兵庫県弁護士会執行部は、全会員に調停委員候補募集のファクシミリを送信し、私は「候補者になってよい」に○をつけて返信していた。

弁護士調停委員は、家庭裁判所が弁護士会に会員の推薦を依頼し、弁護士会が推薦した人が選任されるしくみになっている。

この電話をかけてきた兵庫県弁護士会の白承豪副会長は、司法修習の同期で、気心の通じる間柄だったため、私は自分の思いを率直に話した。

「推薦してもらっていい。以前、女性だから家庭の事件が向くだろうと言われると抵抗があって避けていた頃もあったけど、今は家庭の事件が多くなってきた。家庭を自分のテーマにしていこうと思う。家裁の仕事は一生懸命にやれて向いていると思うので、調停委員もやってみたいと思う」

「わかった。でも、もしかすると……でも、ともかく推薦してみよう」

3 「もしかすると……」

白副会長の言う「もしかすると……」の意味は、すぐにわかった。

私は、祖父が植民地時代に韓国から日本に渡り、日本で生まれ育った在日韓国人だ。かつては弁護士になる門戸も閉ざされていた。大学一年のとき、後に在日韓国人弁護士第一号となる金敬得弁護士が司法試験に合格し、国籍を理由に司法修習生修習生に採用されないことを知り、祈るような気持で報道を追った。

金敬得氏が修習生になったときには感慨深く、自分も弁護士をめざそうと決めた。それから一五年近くかかって結婚出産を経た後に合格、金敬得弁護士を訪ねて感謝を伝えることができたときは嬉しかった。

修習生採用手続きのために上京した後、在日という理由で再度の呼び出しがあり、また上京して面接を受けた。部屋に入って名乗るなり「貴方は特別永住者なので特例として採用されます。日本国籍がなくても日本国憲法を守るように」と言われて数十秒で終了した。日本で生まれ育ち、憲法が好きで熱心に勉強してきたつもりだけれど、こういうことを言われる世界に、自分はこれから身を置くのだと、ひんやりとしたものを感じた時間だった。

司法修習中には、ある裁判官が修習初日にふいに話しかけてきた。「あんた、ヤンかなんか知らんが、私は発音もわからんのでリョウと呼びますから」と言った。静かな裁判官室に大勢居合わせた修習生仲間も、他の裁判官も、皆聞いていないふりをした。突然のことに固まり、その場で「おかしいのではないですか」とすら言えなかった自分が何より情けなかった。

さらに遡れば、中学生になるまで健康保険の加入資格がなく、現金を持って眼科に通った。家は老朽化で床が傾き、ボールを落とせば転がったが、目の前に市営住宅ができても在日には申込資格がなく、憧れて見上げていた。高校受験で私立併願校の合格通知が自分だけ遅れたとき、「成績は十分足りるが母子家庭で在日の生徒。貴校への入学に問題はないかと、願書提出前に予め面談で問い合わせて大丈夫と確認してある。心配しないように」と担任から慰められた。そんな確認が必要な学校と知っていれば受けなかったと内心思った。大学時代は尊敬する先輩が家裁調査官に採用され、自分もやってみたいと思ったが国籍がないので諦めた。新婚の頃には国籍を理由にアパートの入居を断られた。

思い返すときりがない。沢山の「思い出したくない記憶」を塗り込めてきた。「もしかすると……（駄目かも知れない）」と考えてみることは、経験から身についた習慣になった。

しかし、思い出したくない記憶を塗り込めながら「前向きに挑戦」してみることも身につけた。そうしなければ途はひらけないことも知った。

金敬得氏が修習生に採用されたとき、壁を避けて生きることばかりを考えていた自分が恥ずかしく、理不尽な壁は打ち壊す生き方がしたいと強く思った。

4 「別に欠格事由に国籍はない」

調停委員については、別に日本国籍を持たないことが欠格事由であると法が定めているわけではないうえに、僭越ながら調停委員の仕事に関しては、自分はまっとうにその任務を果たせるはずと考えた。

当時、遺言執行者、不在者財産管理人、未成年者の成年後見監督人等々、家裁から依頼され様々な職務を引き受けていた。地裁では破産管財人の仕事もしていた。こういう仕事の方が、調停委員よりよほど権限が大きい。

「もしかするとダメと言われるかもしれない」と思う一方で、「調停委員なら、家裁にダメと言われる理由はない」と考える自分もいた。

5　調停の魅力

調停に関わる者の役割は、黒子のようなものだ。主人公は当事者であり、もともと自分のことを決められる力をもっている。それを引き出せるかどうか、調停委員の力によるところは大きい。限られた枠組と時間の中で、当事者の話をじっくり聴き、受け容れ、事件の筋をみて、当事者が迷走しないよう手を握り、自分で決断できるまで伴走する。役割をよく心得た調停委員が担当になると、依頼者は生き返ったように前へ進める。反対に、自分が主役のような調停委員もまだまだ多い。意識的にせよ無意識にせよ、「女性はこうあるべき、男性はこうあるべき」というバイアスにとらわれた調停委員が当事者を不当に扱う調停は、残念なことだが現実にみられる。

また、在留外国人の増加とともに、外国人女性の代理人として調停に同席することが年々増えていたが、言葉や文化の壁だけでなく、調停委員の外国人に対する無理解、差別意識にうちひしがれる外国人当事者は後を絶たない。

地域共同体を失いつつある日本で、市民が調停に期待する役割は大きくなる一方だが、実際の調停の力量との間には、まだ大きなギャップがあると感じる。それでも、裁判所が判決で命じるのではなく、当事者の自己決定を導き出すという意味で、調停は奥深く、意義のある制度だ。

私にとって調停は、裁判（訴訟）よりも人の人生に役立つものに思え、性に合っていた。

結論として、あれこれ考えずまっすぐに自分の特性を生かせるよう行動しようと決め、弁護士会の推薦を受けることにした。

6 推薦と撤回

（1）事務局長・総務課長の弁護士会訪問

二〇〇三年一〇月二〇日、弁護士会の推薦委員会で、正式に家裁尼崎支部の調停委員候補として推薦されることになり、家裁に推薦書類が提出されたが、翌二〇〇四年一月二八日、当時の神戸家裁事務局長と総務課長が弁護士会に来館し、私の推薦書と志望動機書が返却された。

調停委員の選任を統括するのは最高裁であるから、最高裁に非公式に打診した結果だとして、「当然の法理」の通達のペーパーを示しながら、「家裁での選考委員会で検討の結果、最高裁へ上申しないことになったので、書面はお返しする、ご理解賜りたい」とのことだった。私はそこに居合わせていないが、当日対応にあたった副会長二名がやりとりを報告した書面要旨は、以下のような内容だった。

裁判所　：梁弁護士は日本国籍を有していないので、選考委員会で検討した結果、調停委員に選任することについて最高裁判所への上申をしないことになった。調停委員は、公権力の行使又は国家意思の形成への参画にたずさわる公務員にあたるので、「当然の法理」により日本国籍を必要とする。

弁護士会：かつて司法修習生に採用されるには国籍を要したが現在は外国籍で採用されている。今回の推薦は弁護士会の推薦決議を経たものである。調停委員が公権力を行使する公務員といえるかは疑問である。形式的に国籍がないというだけで調停委員になれないことには疑義がある。

裁判所　：選考委員である裁判官の中にも上申をしないことについて疑義を述べた者があり、問題意識はもっている。しかし先例がなく、結論は変えられない。最高裁に正式に上申することはしない。

弁護士会　：今回の推薦をとりあえず撤回するが、今後また韓国籍の会員を推薦することもありうるので、その際には続けて検討をいただきたい。

（2）推薦撤回への思い

「もしかすると……」の不安の方が現実になった。平素、弁護士会執行部が裁判所と良好な関係を築く努力を続けているのを知っている。けしからん、と非難して追い返すわけにもゆかなかったのだろう。

いかんせん、私はこういうことに慣れている。いちいち怒っていては身が持たない。

このとき、報告書のほかに耳に入った話として、当時の家裁所長が選考委員会でこの件について憤慨されていたこと、「将来解釈の変更もありうるが、現段階では先例がないので……」との含みある表現もあったとのことで、今回は「撤回」されたが、そう遠くない将来、調停委員に採用されるときが来るように感じた。

7　その後の一九年

（1）ほぼ毎年の推薦

その後も、家裁から弁護士会に調停委員推薦依頼があると、毎年のように候補者に加えてもらった。その都度、家裁に提出する自筆の「志望動機書」を書く必要があり、自分なりに気持ちをこめて書いた。提出書類は、年を経ることに　短い期間で返送されてくるようになった。

八年目には、「外国人の司法参画について、裁判所の熟慮をお願い申し上げます」と末尾に書いて志望動機書を提出した。

その頃、すでに日弁連は「外国籍調停委員・司法委員の採用を求める意見書」を発表し、最高裁にも届けていた。これを受けて、兵庫県弁護士会では、担当副会長が日弁連の意見書とともに推薦書類を裁判所に直接持参して提出すると聞き及び、私も志望動機書末尾に一筆記載しようという気持ちになったのだ。

(2) 裁判所から弁護士会への電話照会

すると兵庫県弁護士会宛に「梁弁護士は日本国籍ですか」という質問がきた。

当時は、各地の弁護士会でも、各々所属する在日弁護士を調停委員に推薦するようになっていたが、各地の裁判所からも同様の国籍照会がきていることがわかった。

関西では、中国ルーツの複数の人達が帰化手続きのうえ日本国籍を取得し、民族名で調停委員として活躍している。裁判所の国籍照会は「この人達を採用しているのだから、在日弁護士も、日本国籍を取得すれば採用する」と告げているに等しい。

「韓国籍を捨てれば調停委員にする」というメッセージを、電話照会という方法で暗に伝えているとしか考えられない。

裁判所は「女性差別を受けたくなければ、男性になりなさい」と言うのだろうか。さすがにこのときは怒髪天を突く思いだった。

(3) 書面による回答

やがて、弁護士会の推薦に対する回答は、弁護士会長宛の「家事調停委員の任命について」と題する書面で送られてくるようになった。

内容は、「下記の者は選考の結果、最高裁判所に任命上申しない旨決定しました」という二行半のみだ。

「下記の者」は、「梁英子」と呼び捨てで、「氏」や「会員」程度の敬称すらない。毎年これを見て、何も伝わっていないと思い知る。

(4) 家裁での日々の仕事

弁護士だけでは抱えられないほど重い案件も、家裁の仕組みのなかで調停委員や調査官に助けられ、連携の有り難さを感じつつ解決に辿りつけた。

調停や裁判のほかにも、成年後見人、後見監督人、相続財産管理人、不在者財産管理人など、裁判所から選任される仕事がその後も続いた。くりかえしになるが、調停委員よりよほど「権力的」な仕事だった。

「早く調停委員としても一緒に仕事ができるようになればよいですね」と書記官や調停委員が声をかけてくれた。「裁判所の態度を恥ずかしく思う」と言う人もいた。事件を通して、様々な人との濃密な出会いに恵まれ、本当に充実した日々だったと感謝している。

ただ、正直なところ、家裁の事件に打ち込むほど、目の前の職員の方々に信頼を感じるほど、一方ではここが徹底的に自分を拒絶している場所でもあるという矛盾を受け止め難く、心に棘が刺さったままの年月だった。

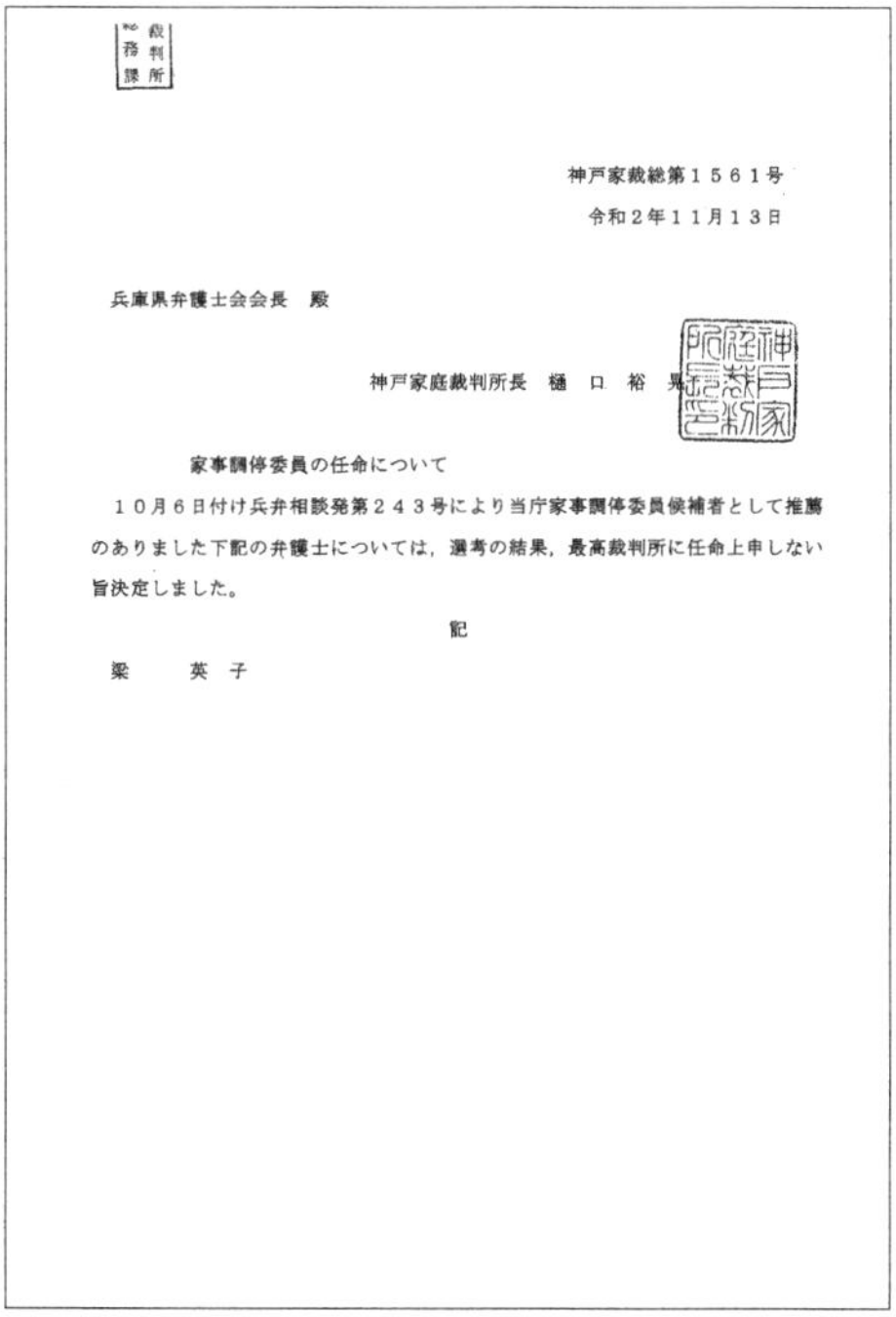

裁判所 総務課

神戸家裁総第１５６１号
令和２年１１月１３日

兵庫県弁護士会会長　殿

神戸家庭裁判所長　樋　口　裕　晃

家事調停委員の任命について

１０月６日付け兵弁相談発第２４３号により当庁家事調停委員候補者として推薦のありました下記の弁護士については，選考の結果，最高裁判所に任命上申しない旨決定しました。

記

梁　　英　子

任命上申拒否通知

（5）弁護士会の取り組み

兵庫県弁護士会は、毎年決然として推薦を続け、近弁連ではプロジェクトチーム（ＰＴ）の活動やシンポジウム開催・各地での広報活動・勉強会、日弁連では啓発パンフレットの発行やシンポジウム・ＰＴ発足など、地道で粘り強い活動を続けてもらえたことは大きな支えだった（第1部第3章参照）。

身近な同業の人達が、他人事としてでなく司法の問題として取り組み、弁護士会が組織として応援してくれることは何より心強かった。

（6）鄭香均さんのこと

いつも思い出す人がいる。東京都で在日韓国人二世の保健師第一号だった鄭香均さんだ。

一九八八年に東京都に採用され、熱心に仕事を続けた鄭さんは、上司から管理職試験の受験を勧められ、九四年、九五年の管理職試験を受験しようとしたが、人事課からの電話で「当然の法理があることを知らないのか、あなたは試験を受けられない」と告げられた。国籍がないとして管理職選考受験を拒否された鄭さんは、受験資格の確認と慰謝料を求めて訴訟を提起したが、二〇〇五年一月、最高裁大法廷は、東京都の国籍要件を合憲と判断した。高裁勝訴からの逆転敗訴だった。

判決の日の記者会見で、鄭さんが「日本に来ようとしている外国人に、日本になんか来ないほうがいいと言いたい」と激しく怒っている様子をテレビで観た。私には鄭さんの怒りがもっともと思えたが、このインタビューだけを初めて観た人はどう思うだろうかと心配になった。以前、鄭さんが「職場の仲間に関心を持ってもらえず、ずっと他人事のように思われて孤独だった」と話しているのを聞いたことがあった。鄭さんは理不尽な力と向き合って闘える強い人だったが、職場の身近な人達に自分事としてとらえてもらえない孤独がどれほどのものか、本当の怒りと苦しさは、そこにあるかもしれないと感じた。

私が怒りを抑えていられたのは、弁護士が「社会正義と基本的人権の擁護をめざす」職業であるとはいえ、身近な同業の人達が間違っていると声を上げ、弁護士会が理解し応援してくれたからだと思う。

(7) 司法だけの問題でないと知ったこと

自分の経験をきっかけに、行政や教育、住民の地域参加の分野でも、同じことが起きていると知った。

一九七〇年代からの在日の人びとの権利獲得運動によって、外国籍者にも一定の公務員採用が認められるようになった。しかしそこから実績をつんできた多くの外国籍者は、スキルに見合った役割に任命され、然るべき仕事を担う機会を与えられていない。

私が住む兵庫県では、二〇〇八年四月、校長から学年副主任に任命された外国籍の教員が、教育委員会から外国人は副主任になれないとの指摘をうけて任命を撤回され、職員会議で同教員の「副主任」と書かれた名簿名を消すよう出席者に指示したという事件があった。

一九九一年の文部省通知により、採用試験に合格した外国籍教員は「常勤講師」としての採用が認められているが、常勤講師は、「教諭」ではないので、校長や教頭、主任などの管理職になれない。実績をつみ、当然管理職につくべき人材をはずさなければならないことで現場も回らず、学校運営に支障を生じているという。

二〇一三年、日弁連は文科省および神戸市教育委員会に対し、このような運用を改めるよう勧告書を発出している。

学校管理職が公権力行使にあたらないことは、私立学校、大学を考えれば明らかだ。この現状は、「外国人は頑張っても主任にすらなれない」と、公立学校の生徒に日々教え込んでいるようなものだ。外国人の子ども達の気持ちを思うと胸が塞がる。

この教員も、自分の勤務する学校には理解者がおらず、とても孤独だという話をしていた。鄭香均さんと同じ言葉、同じ表情が忘れられない。

古くから居住してきた在日の問題を、身近な課題としてそれぞれの分野で克服することは、多文化・多民族の社会をめざすための試金石だと思うようになった。

8　おわりに

たまたま、弁護士会としての活動のきっかけとなったのは私の調停委員志望であったが、その後、調停委員・司法委員・参与員への採用を拒否された外国籍弁護士は、これまでに一五名にのぼる。

それぞれに多彩で、選任されればきっとよい仕事をされるに違いない人達ばかりだ。さらに次の世代にも外国籍の適任者が輩出することは明らかだ。この人達の力を生かせないようでは、日本の国際化はほど遠い。

どうか多くの人に、身近な外国人への理不尽に気づいて、向き合って頂きたい。

コラム

会長声明を出しました

津久井　進（二〇二一年度　兵庫県弁護士会会長）

■憧れの先輩

梁英子先生は覚えておられないかも知れないが、梁先生は受験時代から長きにわたる私の恩人である。司法試験がダメでしょんぼりする中、たまたま大学の本屋で手にした『私の司法試験合格体験記』で梁先生の体験談を読んだ。口述試験の日に出産が重なったため二年越しで合格したというエピソードに度肝を抜かれたが、人間味とユーモアのあふれた筆致の中に、〝信じて進めば必ず為せる〟というあたたかい血の通った迫力を感じた。クヨクヨしていた当時の私を奮起させるに十分であった。そして、神戸大学出身者として唯一掲載されていた梁先生は、私のめざす目標となり、憧れの先輩になった。

念願叶って弁護士登録後すぐに梁先生にお目に掛かり、この話を申し上げ、以来、親しくさせていただくようになった。様々な場面でお付き合いが深まれば深まるほど、年々、憧れ度がアップするばかり。私は二〇二一年度に兵庫県弁護士会の会長を務めたが、会長プロフィールの文章は、迷うことなく梁先生にお願いした。梁先生が贈って下さったことばは、私の宝物になった。

■会長声明

恩返しに代えて、調停委員問題に全力を尽くそうと決意した。二〇二一年一一月二五日に会長声明を出した。弁護士会は、推薦拒否されるたびに裁判所に対する抗議の声明を繰り返してきたが、声明を届けるべき相手はわからずやの裁判所ではなく、この不正義を知らずに過ごしている市民や社会だろうと考えた。そこで、声明文を一から書き直し、流行りのSDGs（Sustainable Development Goals：持続可能な開発目標）のアイコンも付けて公表した。

それが『調停委員に日本国籍は不要です』と題する一文である。兵庫県弁護士会のホームページからご覧いただけると幸いである（https://www.hyogoben.or.jp/news/iken/12849/）。併せて、私は、約一〇〇〇人在籍する兵庫県弁護士会の会員宛のメールマガジンに小文を送った。そのメールを次項に引用しておくこととする。

もしも願いが叶うなら、私や私の大切な人が家裁で調停を受けるとき「調停委員は梁英子先生にお願いします」とリクエストさせて欲しい。なぜなら、私は、あたたかな血の通った人間味あふれる調停手続を受けたいから、受けさせたいからである。

■会員宛メルマガより

私の少年時代のヒーローは王貞治さんでした。世界一の七五六号ホームランで日本中が盛り上ったあの瞬間と、ピンクレディーの「サウスポー」の歌と踊りが、私の鮮明な記憶です。

王貞治さんは中華民国籍です。そして、国民栄誉賞の第一号です。国民栄誉賞の授与が一九七七年のことでした。外国籍であることを理由に異論を呈する野暮な世論など全く記憶にありません。当時、王さんの存在と功績が圧倒的な説得力を持っていました。それでもグズグズ異論を述べる者がいたとしたら、それは「最高裁」だったかも知れません。


吉井正明先生は、一九七三年に司法修習（二七期）で一九七五年登録ですが、「私は司法試験に合格したときは台湾国籍でしたので、外国籍のままで司法修習生に採用してくれるよう申し立てましたが、最高裁から採用を拒否されました」と話しておられます（神戸合同法律事務所の吉井先生の自己紹介より引用）。

当時、最高裁は、外国籍の司法試験合格者の採用を拒否していたのです。

しかし、一九七六年に韓国籍の司法試験合格者が国籍を変えずに採用を求めたところ、支援活動の甲斐もあって、一九七七年、特例として司法修習生の採用を認めるに至りました。

最高裁は、ちょうどこれらの時期とかぶる一九七四年〜一九八八年、台湾籍の大阪弁護士会の会員を民事調停委員に採用していました。大阪地裁は、この会員の永年の功績に対し、表彰状を授与しています。実にまっとうな対応だと思います。いいぞ！　裁判所。

ところが、時は流れて二〇〇三年。時代は小泉内閣の真っ只中、そこで事件が起きました。

「兵庫県弁護士会は梁英子弁護士を家事調停委員として神戸家庭裁判所に推薦しました。ところが、裁判所は梁弁護士が韓国籍であるということだけで採用を拒否しました」（日弁連リーフレット『外国籍だと調停委員（司法委員・参与員）になれないの？』より）

尊敬してやまない先輩、梁英子先生（四五期）が採用拒否!? 信じられませんでした。目をつぶって理想の調停委員像を思い浮かべてみるとパッと浮かんでくるのが梁先生のお顔です。これ以上ない適任者を拒否するとは、最高裁というのは……。

当会としては、梁先生に続き、白承豪先生（四五期）、韓検治先生（六〇期）も、自信をもって調停委員に推挙しましたが、裁判所はこれを頑なに認めません。

拒否回答の文書の実物を見ましたが、文面は次のようなものです。

「〇月〇日付け兵弁相談発第〇号により当庁家事調停委員候補者として推薦のありました下記の弁護士については、選考の結果、最高裁判所に任命上申しない旨決定しました」

こんな三行半（実際には二行半）はいりません。本来であれば、任務を見事にまっとうし、栄誉や表彰が与えられるべき先生方だ、と信じて疑いません。

この不条理に対する理性的批判と静かな怒りの思いを込めて発出したのが、会長声明「調停委員に日本国籍は不要です」であります。どうかご一読下さい。

（＊二〇二一年一二月三日のメルマガ『毎日会長』より一部抜粋・編集）

そもそも、裁判所の調停手続は民事・家事に関する紛争を当事者の話し合いで解決する手続きです。調停委員の役割は、双方当事者の言い分や心情に十分に耳を傾け、合意の形成に向けて調整を試みることであり、国家権力たる公権力の行使に関わることはありません。

日本には、３００万人近くの外国籍者がおり、国際結婚や、外国人就労者として定住するなどして、日本社会で暮らしています。このため、むしろ、外国籍の調停委員が参画することは、外国籍の当事者の言い分を汲み取り日本社会における各種規範への理解を促しながら合意形成を図れることから、多様性ある多文化共生社会の実現にも寄与するものです。

実際に、１９７４（昭和４９年）から１９８８年（昭和６３年）まで、中国（台湾）籍の大阪弁護士会所属の弁護士が１４年間民事調停委員を務めた先例もあります。大阪地裁所長から同人の長年の功績に対し、感謝状が送られています。

国際的にも、国連人種差別撤廃委員会は、日本政府に対し、２０１０年（平成２２年）と２０１４年（平成２６年）の２度にわたる総括意見で、外国籍者が、資質があるにもかかわらず調停委員として調停処理に参加できないという事実に懸念を表明し、調停委員として行動することを認めるよう勧告を行っていますし、２０１８年（平成３０年）８月３０日にも同様の勧告をしています。

日本も含めた国連加盟国の全会一致で採択された持続可能な開発目標（ＳＤＧｓ）の中でも、不平等を無くし、非差別的な法規や政策を推進することが目標の一つに掲げられています。

現代の日本社会において、外国籍の調停委員の任命を拒否し続けることは、国際的な時代の流れに逆行するものと言わなければなりません。

調停委員に日本国籍は不要です。

むしろ、国籍を問うことなく、資質・経験が豊かな適任者を調停委員に任命することこそが時代の要請であり、憲法をはじめとする諸法令の趣旨に沿うものです。

裁判所には、速やかに従来の取り扱いを改めていただきたいため、また、市民の方々にも広くこの問題を知っていただきたいため、この声明を発します。

以上

会長声明「調停委員に日本国籍は不要です」

２０２１年（令和３年）１１月２５日
兵庫県弁護士会
会 長　津 久 井　進

兵庫県弁護士会は、２００３年度（平成１５年度）に神戸家庭裁判所から家事調停委員となる会員候補者の推薦を求められ、弁護士としての資質・経験ともに申し分のないA会員を推薦しました。すると、裁判所は、A会員が日本国籍でないことを理由に推薦の撤回を求めてきました。しかし、調停委員となる資格に日本国籍を要求する法令上の根拠など存在せず、むしろ外国籍であることのみをもって拒否することは憲法１４条に反する不合理な差別です。そこで、当会は強く抗議しました。

その後も、A会員だけでなく、外国籍のB会員についても、調停委員への推薦が拒否されるたびに声明を発してきました。２０１６年（平成２８年）の臨時総会では、会の総意として抗議を決議したこともあります。

にもかかわらず、令和４年４月任命予定の弁護士調停委員の推薦依頼に対し、外国籍のB会員及びC会員を推薦したところ、神戸家庭裁判所及び神戸地方裁判所は、去る１１月１７日と同月２４日に、調停委員として最高裁判所に任命上申しないとの拒否通知をしてきました。B会員は、当会の会長及び日弁連の副会長を、C会員は、当会の副会長を務めた経歴があり、資質・経験とも調停委員にふさわしいことに疑いはありません。当会としては、この裁判所の取り扱いにどうしても納得することができません。

日本の法令では、調停委員は「弁護士となる資格を有する者、民事もしくは家事の紛争の解決に有用な専門的知識を有する者または社会生活の上で豊富な知識経験を有する者で、人格識見の高い年齢四十年以上七十年未満の者」（民事調停委員及び家事調停委員規則１条）を任命することとされています。他のどの法令を見ても、日本国籍を要件とする規定などありません。

1

第2章

「あいうえお」からの司法試験合格

――夢をあきらめないで

白承豪

1　はじめに

私は、一九六二年三月にソウル市内で生まれ、一九七四年一月に沖縄に移住してきた在日一世である。

一九九〇年一一月に日本の司法試験に合格し、一九九三年四月に日本の弁護士になった。韓国生まれの在日一世が弁護士になったのは、私が初めてのことだった。今は、日本の司法試験制度が変わり、原則として、法科大学院（ロースクール）を卒業しなければ司法試験を受けられない新司法試験制度になっており、韓国から留学した優秀な学生でロースクールを卒業して弁護士となる方がたくさんいるが、当時の旧司法試験においては、日本で生まれ、日本で教育を受けなければ合格は困難であった。

私は、本年（二〇二三年）、弁護士三〇年目を迎えることになったが、韓国生まれの在日一世の弁護士として、二〇一七年四月から一年間、兵庫県弁護士会の会長に就任した。二〇〇三年四月から一年間は兵庫県弁護士会の副会長にもなっていたので、副会長から一四年後に会長になったことになる。

私が兵庫県弁護士会の副会長や会長になったのは、韓国籍弁護士として初めてのことで（のみならず韓国以外の外国籍もそれまで役員になったことはない）、日本のマスコミにも大きく取り上げられた。二〇一七年に会長になったときは、兵庫県には、約一〇〇〇人の弁護士がいた。

そして、二〇一九年四月には、日本全国の約四万人の弁護士の強制加入が義務づけられている日本弁護士連合会の副会長に就任することができた。もちろん、韓国籍である私が日本弁護士連合会の副会長に就任したことも、長い日弁連の歴史において初めてのことだった。

私がいずれの役職においても重責を背負いながら思ったのは、与えられた職責をきちんと全うしなければ、これから韓国籍や朝鮮籍の在日コリアンの後輩弁護士たちの道を閉ざすことになるのではないか、いまだに差別の多いこの日本社会において、韓国籍の弁護士としての信用を落としてしまうことになれば、在日コリアンの信用までも落としてしまい、もっと差別を受けるようになるのではないか、ということだった。

私は、いずれの役職についても在日コリアン社会を代表して選ばれたものではなく、日本の弁護士として、日本社会に貢献できる働きをしなければならないと肝に銘じて、それぞれの任務に励んできた。

このように私が兵庫県弁護士会の会長になったり、また、日本弁護士連合会の副会長になれたのは、弁護士の使命である「基本的人権を擁護し、社会正義を実現すること」（弁護士法第1条1項）に全力を傾けてきたからであると自負している。

ところが、最高裁は、いまだに国籍のみを理由に私が希望する調停委員への道を堅く閉ざしている。最高裁のこのような取り扱いは、日本社会における根深い差別感情を助長しているとしか思えない。

2　私が弁護士になった経緯

先ほど述べたように、私は、ソウル市内で生まれ、初等学校（日本の小学校。当時は、国民学校と呼ばれていた）を卒業するまでソウル市内で過ごしていた。父は、建設会社を経営しており、一九六〇年代初めの朴正煕大統領のセマウル運動政策（新しい町造政策）のお陰で、会社も儲かっていた。当時の韓国では珍しくトヨタのランドクルーザーに乗ったりして、大きな一戸建の家に住んでいた。
ところが、私が五歳の頃、家の近くの幹線道路を走って横切ったときに、ちょうど勢いよく走ってきた一〇トントラックに轢かれてしまい、約一〇〇メートルくらい引きずられたようだ。気づいたときは、病院の手術台のうえで、父が医者に、自分の右腕を（私の）右腕につけてくれ！　と叫んでいたのを今でも覚えている。トラックに轢かれた私は右腕を切断するしか方法がなかった。今の医療技術なら何とか腕を切らずに済んだかも知れないが、五五年以上前の医療技術では仕方のないことだったかも知れない。

この事故で、私は約二年間入院生活をしなければならなかった。右腕だけでなく、右足の膝から太ももの肉もえぐられ、お腹やお尻の肉を移植しなければならなかったようで、何回移植手術を受けたのか覚えていないくらいである。ソウル市内の病院に長期入院していたため、幼稚園に行くこともできず、国民学校の入学にも間に合わなかった。ただ、入院中、親戚のお姉さんたちが病院に来て、算数や国語の勉強を教えてくれたおかげで、病院を退院して国民学校一年に途中入学したときに、勉強についていけないということはなかった。

私の怪我での長期入院生活のせいで、父は経済的に無理をしたと思う。当時の韓国は貧しい人が多く、自動車保険も完備されていなかったので、私の治療費は全て父が負担したようだ。いつの間にか立派な家には知らない人が住むようになり、私たちは隅っこの部屋に追いやられていた。

そのうち、父が日本に出稼ぎに行くことになり、親戚を頼って復帰前の沖縄に行った。最初から家族が一緒だと生活に困るということで、父だけが先に行き、私たちは、沖縄が日本に復帰した二年後の一九七四年一月に沖縄に行くことができた。

沖縄に着いた時は全く日本語を知らず、ひらがなの読み書きもできなかった。日本語の勉強をするには、学校が一番であるというのが父の考えで、いきなり地元の小学校六年に編入させられた。私がそれまで学んだ韓国の国民学校と日本の小学校とで共通するのは、足し算と引き算だけだった。もちろん、足し算と引き算だけでは自分の意思を伝えることはできず、日本語を話せない私を不思議がっているクラスメートや先生が何を言っているのか全く理解できず、「おまえ、バカか」と言われても笑ってごまかすしかなかった。

うわさを聞いた他のクラスの生徒が、物珍しそうに私を見に来たりしていた。はずかしいやらこわいやらで、休み時間になっても机を離れることなく、とにかく早く授業が終わるのを待つばかりだった。

ようやく、ひらがなを覚えることになったところで、小学校を卒業し、中学校に入った。中学校での定期試験では、算数でしか点数はもらえず、国語や社会にいたっては全く未知との遭遇だった。特に、漢字は、国民学校で習ったことはなく、同じ漢字でもいくつもの読み方があることにも戸惑い、苦手だった。しかし、回りの沖縄の人たちはみなさん親切だった。「ちょーせんじん」と言われたり、障害をからかわれたこともなく、たくさん助けてもらった。

こんな私が、日本の司法試験の何たるやも知らず、大学に入り司法試験の勉強を始めたものの、法学書は漢字ばかりで、そうでなくても漢字のよくわからない私には読みこなすことは無理なことだった。法律書を読むために漢和辞典を調べ、漢和辞典にも出てこない法律用語を探すために法律用語辞典を調べ、法律用語辞典の解説を理解するために、また漢和辞典を開かなければならない日々の繰り返しだった。司法試験を受験することになってからも、法律論文が書けず、先輩からは「もっと漢字を使え。助詞の使い方が間違っている」などと法律論に入る前の段階の日本語の指導ばかり受けていた。日本の司法試験に合格するとは夢にも思わず、合格の知らせを聞いたときは、天に昇るような気持ちになった。当時の日本の司法試験の合格率は、二%くらいで、勉強の途中で受験を断念する先輩や友人もいたが、私は辞めるわけにはいかなかった。今でもそうだが、外国籍だと公務員になったり企業に入ることが難しい上に、さらに、右腕の障害をもつ私はどこにも就職することができなかったからだ。

私は、幼いときから父に、「頭を使う仕事をするしかないので、法曹をめざしない」と言われていた。私も私が生きる道はそれしかないと思うようになり、司法試験に合格することしか、道はないと思っていた。その父は、私が大学四年のときに癌で亡くなったが、見舞いに行くと、見舞いに来る時間があるなら勉強しなさいといつも怒られていたのを覚えている。父には合格した姿を見せられなかったが、きっと天国で喜んでくれており、私のことを心配することなく安らかに過ごしていると思う。

私は自分の夢を現実にすることができた。困難に臨むとき、人は皆苦しみを感じる。しかし、最後まで夢を諦めずに成し遂げた時、苦しみは幸せに変わる。私は、その確信をもって困難を楽しんできた。

一九九〇年一一月、ついに念願の司法試験に合格することができた。私が司法試験に合格したことは、韓国のマスコミでも大きく取り上げてくれて、韓国国営放送のＫＢＳのトーク番組にも出演した。私の家族、知人のみならず、多くの方に喜んでいただいた。

3　司法修習生時代

司法試験に合格すると、二年間の修習を受けなければならない。その間は、約五〇〇人の司法修習生が全国に散らばって実務修習を受けることになる。

私は、実務修習地を神戸にすることを希望していた。司法試験の最後の試験である口述試験の時に、たまたま神戸出身の梁英子さんに出会ったからだ。私は、当時沖縄に住んでいたが、沖縄での実務修習がなかったので、本土で修習しなければならなかった。合格するまで沖縄を出たことがないので、本土には全く知り合いがおらず悩んでいたが、梁さんから、「神戸においでよ」と優しく声を掛けられたのに甘えて、神戸を希望したのだった。

実務修習先を決めるために、司法研修所の教官との面接があった。緊張しながら入室すると、第一声が「君たちの先輩が大過なく修習を受けているので、今年からは、保証人を求めたり、誓約書を書いてもらうことは辞めにしました。しかし、君たちに日本国憲法を遵守して欲しいという気持ちに変わりはないので、肝に銘じて欲しい」というものだった。

この面接裁判官の言っている意味が分からず、修習生になるために必要な訓示に過ぎないだろうと簡単に考え、「はい。日本国憲法を遵守します」と声高らかに宣言してしまった（ちなみに、私はこの宣言を今でも守る必要があると思っており、憲法改正に反対している）。

また、その裁判官から、「君の在留資格は定住者であるが、永住権は申請しないのか」と言われ、「すぐに申請する予定であります」と返事した。そのときは、なぜ私の在留資格まで問題にするのか分からなかったが、面接後沖縄に戻り永住権を申請したところ、わずか二ヶ月で永住許可が下りた。

この面談での憲法遵守宣言のおかげかどうかは分からないが、実務修習地は、「神戸」に無事に決まった。神戸では、梁さんの家の近くのアパートを借りて、神戸地裁までの出勤のときには、梁さん、梁さんの息子さんの三人で電車に乗ることもたびたびあった。梁さんは、幼い息子さんを神戸地裁近くの保育園に入れて、育児をしながら修習をされていた。

話は戻るが、私が憲法遵守宣言をしたことについて、同期の修習生からは「そんなこと聞かれなかったよ」と聞かされた。

実は、その当時、司法修習生の国籍条項についてはよく知らず、門戸を開いてくださった金敬得弁護士のこともよく知らなかった。私は、琉球大学の法学部に入学し、司法試験サークルで勉強を始めたのだが、夏期特別講座の特別講師として来られた元最高裁判所長官の藤林益三弁護士から、「白君、司法研修所に入るのに日本国籍は必要なくなったから、心配せずに頑張りなさい」と励まされ、「そうなんだなあ」と思ったくらいで、司法研修所に入るため、日本国籍に帰化しないかわりに、二名の保証人が必要であることや、憲法遵守誓約書を差し入れなければならなかったということは全く知らなかった。

二〇〇九年からは、司法研修所入所の採用条件であった国籍条項は完全に撤廃されている。法律が変わったり、規則が変わったりしてはいない。単に、最高裁判所の運用が変わっただけである。

4　兵庫県弁護士会副会長時代

二〇〇三年四月、晴れて大阪弁護士会に弁護士登録をした。当初は、東京の金敬得先生のイソ弁（居候弁護士＝勤務弁護士）になりたいと思って訪問したことがあるのだが、金先生から「白さんは韓国語が話せるので、韓国留学は必要ないし、うちに来る必要はないよ」と優しく断られてしまった。修習地の神戸での登録も検討した。梁さんは家族がいるということで神戸での就職を希望されていた。私も修習地の神戸での登録を検討したが、できれば在日の先輩のところで勉強したかったので、当時先輩の在日弁護士がいない神戸での登録はあきらめ、大阪の在日の先輩の事務所にお世話になることになった。ただ、そのボスとは気が合わず、事務所を辞めたかったのだが、二〇〇五（平成七）年一月に発生した阪神淡路大震災の影響で動きが取れず、ようやく二〇〇六年四月になって、神戸での修習でお世話になっ永田力三先生の事務所に机を置かせてもらい、神戸での弁護士活動を始めることになった。

神戸での弁護士活動は、民事、刑事、家事などの一般的な弁護士業務がほとんどだった。他には、裁判所から依頼される破産管財人の業務も相当数あり、神戸家庭裁判所からは、不在者財産管理人や相続財産管理人の依頼も多くあった。特に事件本人が韓国籍や朝鮮籍の場合は、韓国の戸籍や韓国民法をある程度知っている必要があり、この点からも、家裁からは、韓国関連事件は主に私に就任依頼があり、どのような事件でも受けるようにしていた。

神戸の他の弁護士からも、依頼者や相手方が韓国籍の場合の処理について問い合わせが多くあったので、文献を調べてあげたり、一緒に受任したりして、韓国関連事件での信頼を得ることができたと思う。

このようにして、神戸弁護士会（現兵庫県弁護士会）で、同期である梁さんと二人して、韓国籍弁護士としての実績と信頼を得るようになってきた。

弁護士会の委員会活動も積極的に行っていた。主な委員会としては、人権擁護委員会での人権救済活動があった。弁護士会の人権救済活動は、主に刑事施設にいる受刑者が施設内で受けた暴行や不当な処遇に対する救済申立であり、こちらから施設に赴いて事情を聞き施設に照会するなどの調査をして、人権侵害事実が認められると、人権侵害を繰り返さないように警告、勧告、要望を発することになる。このような委員会活動はいわゆる公益活動であり、相当な時間を割いてかかわらなければならないので、本業である弁護士業務が圧迫されてしまう。弁護士には人気のない活動だったが、この委員会活動を辞めることなく続けてきたことも、他の弁護士から信頼を得る一因になっていたかも知れない。

こうして弁護士業務をしているうちに、二〇〇三（平成一五）年度の弁護士会副会長の役職に就くことになった。積極的に副会長になりたいという気持ちがあったわけではないが、四人の副会長の席に三人の希望者のみで、一席空きそうだったので、それなら私がやってみると手を上げたところ、「白さんならいいんじゃない」という周りの先生方の推薦もあり、副会長に就くことになった。全国の弁護士会で外国籍の弁護士が副会長に就くこともあまり例のない時代だったので、マスコミに取り上げていただいたりした。

私が副会長になり、推薦委員会の担当として、梁英子先生を神戸家裁の調停委員に推薦したことが、この問題の始まりとなった。

推薦委員会は、裁判所や行政機関等からの弁護士委員の推薦依頼があったときは、基本的に希望者を募って推薦することになる。梁先生が神戸家裁から依頼のあった家事調停委員への推薦を希望し、推薦委員会としても、梁先生が主に家事事件に専念していることや弁護士として信頼が厚かったので、全く異論なく推薦決議が承認された。

その後、神戸家裁の事務局から梁先生の任命上申を拒否されたときは、当時の推薦委員会の委員長が激昂され、推薦撤回には絶対に応じてはだめだ、裁判所が拒否するなら弁護士調停委員を全部引き上げさせると猛烈に抗議されていた。ただ、会長はじめ副会長ら執行部としては、裁判所との信頼関係があるので強い抗議ができず、別の先生を推薦せざるを得なかった。

5　兵庫県弁護士会会長時代

二〇一七年四月、外国籍弁護士として、全国で初めて地方弁護士会の会長になった。副会長の経験があり、他に立候補する先生もおられない状況であったが、私が会長に就任することについて会員から異論はなかった。

弁護士会の会長は、特殊法人の代表として、みなし公務員の扱いを受け、収賄罪の適用があり、また、会員に対する懲戒権を有するなど、公権力に似た権限を有している役職となる。当て職として、保護司選考委員、簡易裁判所裁判官推薦委員にもなる。調停委員になれないのに、このような公職に就くということは、調停委員よりよほど国家意思形成に関与していたと言える。毎月、神戸地裁・家裁の所長、神戸地方検察庁検事正との意見交換会があり、この調停委員不採用問題に言及したこともあったが、特に意見も出ず、議題に上ることはなかった。

それどころか、神戸家裁からの弁護士調停委員の推薦依頼者数が年々減っていたので、推薦人数を増やして欲しいと公式に神戸家裁所長への面談の申し入れをしたところ、対応したのは家裁所長ではなく総務課長で、弁護士会としての増員要請に耳を傾けてくれることはなかった。

裁判所からの推薦依頼に応じて兵庫県弁護士会が梁先生と私を候補者として毎回推薦しても裁判所は拒否し続けていたので、弁護士調停員の定員が毎年二名ずつ減っていった。裁判所による弁護士会いじめに近い印象だったが、弁護士調停委員の数が減ることは会としては好ましいことではないので、会長として増員を求めた。しかし、まともな対応をしてくれなかった。

6 日本弁護士連合会副会長時代

二〇一九年四月、日本弁護士連合会副会長に就任した。

近畿地区の弁護士会の申し合わせにより、兵庫県弁護士会からは、三年に一度副会長を推薦するのだが、立候補者が複数の場合は、兵庫県弁護士会の全会員による選挙により選ばれることになっている。私以外にも候補者がいたので、選挙の末、私が勝利した。私は外国籍であり、国や地方の参政権はないが、弁護士会の選挙には国籍条項はないので、被選挙権があり、選挙の末、選出されたのである。

日弁連の副会長になると、就任してすぐに最高裁判所の長官や裁判官らに挨拶回りをする慣習があり、私も最高裁長官に直接会い、名刺交換をさせていただいた。そのときの最高裁長官は、私が調停委員に任命されない外国籍であることをおそらくは知っていたと思うが、特に話題に及ぶことはなかった。

日弁連副会長の任期一年の間、この問題に積極的に取り組めなかったというのが正直な気持ちである。私に直接に関わる問題でもあるので、立場を濫用していると思われたくなかったからだ。とにかく、担当している委員会の業務を処理していくのに専念するようにして、周りから偏った目で見られないように注意していた。

私が担当していた主な委員会は、人権擁護委員会だった。全国から人権問題に取り組んでいる弁護士が集まって議論していたので、非常に勉強になった。国際人権関連の委員会も担当して、日本が批准している国際条約を政府が無視している現状についてもいろいろ勉強させていただいた。

最も印象に残っているのは、日弁連を代表して国際会議に参加したことだった。海外に出ると、私の呼び名は、パスポートネームになるので、名札は韓国名で表示される。近くにいた他国の参加者から「日弁連代表なのにコリアンですか。日弁連はすごいですね」という趣旨のことを言われたりした。日弁連は、私の存在でグローバルな組織であることをアピールできたことになる。

7　最後に

私の経歴については語り尽くせぬことが多いのだが、これまで全く差別に無縁だった私が唯一国籍を理由に差別を受けているのが、最高裁によるこの調停委員任命拒否だけである。憲法のどの基本書をみても、「司法府は人権救済の最後の砦」であると教えている。国籍だけを理由としたこの問題が解決されない限り、司法府に対する国民の信頼は失われることになる。裁判所が変わらない限り、日本社会における外国人差別問題は解消されず、真の多文化社会は実現できないだろう。

コラム

立志伝中の人

野口善國

■努力の人

白承豪さんは、韓国ソウルで生まれ育ち一二歳で来日した。五歳の時、交通事故で右手を失った。その障害と言葉のハンディキャップを乗り越え、二八歳で司法試験に合格した。在日韓国人ではなく韓国で生まれ育った生粋の韓国人として、初めての司法試験合格者である。しかも一九九三年に弁護士になると、二〇一七年には兵庫県弁護士会で会長、二〇一九年には日本弁護士連合会の副会長になるという、目の覚めるような活躍ぶりである。

弁護士の本来の業務以外に刑事施設の視察委員（法務大臣から依嘱され施設内の収容者の人権状況を調査し意見を述べる）や県の精神医療審査委員など、いわばボフンティア的活動も熱心にされてきた。

月並みな表現ではあるが、まさに立志伝中の人である。

■その魅力

白さんの話によると、沖縄で司法試験の勉強中、多くの人々に大変お世話になったそうである。

親切な弁護士達が勉強の指導ばかりか、仕事も用意してくれたし、福岡に試験に向かう時の飛行機代を恩師が負担してくれたという。これらの事は、沖縄の人々が差別をせず、全ての人を愛するという優しさを持っていることを示しているが、それだけでなく、白さんには思わず応援したくなる人間的魅力があるのだろう。

白さんの優秀さと人間的魅力はこの経歴だけからでも十分知られることであるが、白さんと一緒に仕事をしたことのある弁護士や白さんの依頼者は皆、彼の人間的魅力に引き付けられてしまう。一見、ネアカで、豪放磊落に見えるが、仕事ぶりは極めて誠実で、他人へ細かい思いやりのできる人物である。兵庫県弁護士会会長や日弁連の副会長になったのは彼を知る弁護士がこぞって彼を推薦し、押し上げたからである。

■白さんとの思い出

私は、大気汚染公害被害者救済訴訟の体験交流のためソウルを訪れたことがあったが、白さんが同行して通訳の役割を果たしてくれた。ほとんどお礼らしいこともできず、立派とは言えない教会の施設に連日泊まり込んで朝から晩まで会議や見学を続けたが、白さんは嫌な顔一つせず一日中通訳を果たしながら、私にも色々気を配ってくれて、少しの時間が空くと街を案内してくれて、名物をご馳走してくれた。

実は私は、彼と韓国に行くまで右手がないことに気付いていなかった。彼は堂々としており、左手だけで何事もこなしており、全く不自由さを感じさせなかった。ところが、関西国際空港から飛行機に搭乗する時に何も持っていないはずなのにセキュリティで引っかかってしまった。私は彼の障害のことに気付いていなかったので、冗談で「何か、体に鉄でも入っているんですか」と言ってしまった。その時に彼の右手に気付いたのであった。白さんと知り合って三〇年近く経つが、彼の右手の障害は、白さんの動作に全く不自由さを感じさせなかった。

■白さんへの期待

私は家裁で調停委員を二〇年ほど務めたが、私自身が何かを決定するような場面は一度もなかったし、調停の成立や不成立など進行についての大きな方針は必ず裁判官の意見を聞くことになっていた。二〇年の体験を通じて調停委員にぜひ必要な資質と感じたことは、とにかく当事者の話に耳を傾けることと優しい気づかいである。

白さんが誰にでも好かれるのは、誰の話も聞いてくれるし、非常に話しやすい雰囲気を作ってくれるからである。

「はい。あなたの話をお伺いしますのでどうぞ」などというような形式的な態度は見せず、途中で一見ちょっと面白いギャグ的な反論をするのだが、それは相手の意見に本当に反論するのではなく、場を和ませて、相手がもっと自分の意見が言えるようにするのである。相手は警戒心を解き、思わず引き込まれて自分の本音を話してしまう。まさに座談の名手と言える。

白さんのこの資質はまさに調停委員にうってつけである。

白さんこそもっとも調停委員になって欲しい人である。彼が調停委員を務めることは日本国にとって不都合はなく、むしろ日本国の利益になることであると信ずる。また、日本在住の外国人が増加しつつある現在、外国人に偏見のない白さんのような人こそ調停委員として活躍していただきたいと念じている。

第3章

裁判所の対応とそれに対する弁護士会の取り組み

空野佳弘

1　梁英子弁護士の調停委員問題

二〇〇三（平成一五）年一〇月、神戸家庭裁判所からの家事調停委員推薦依頼を受け、兵庫県弁護士会が、韓国籍の梁英子弁護士を候補として推薦したところ、同家庭裁判所は「調停委員は、公権力の行使又は国家意思の形成への参画にたずさわる公務員に該当するため、日本国籍を必要とするものと解すべきであるので、最高裁判所には上申しないこととなった」という説明がなされ、梁弁護士は調停委員に就任することができなかった。

これを受け、近畿弁護士会連合会は、二〇〇五年九月一〇日に、「外国人の司法への参画を考えるシンポジウム」を開催して報告書を作成し、その後、同連合会内に「外国籍者の調停委員採用を求めるプロジェクトチーム」を設置して、活動を続けてきた。

2 最高裁判所の立場

（1） 最高裁判所事務総局からの回答

上記近弁連シンポに先立ち、二〇〇四年日弁連第四七回人権擁護大会第一分科会（「多民族・多文化の共生する社会をめざして」シンポジウム）実行委員会の問い合わせに対して、最高裁判所事務総局は文書ではなく、口頭で以下の回答をしてきた。

①調停委員は裁判官とともに調停委員会を構成して、調停の成立に向けて活動を行い、調停委員会の決議はその過半数の意見によるとされている。
②調停が成立した場合、調停調書の記載は確定判決と同一の効力を有する。（調停調書には調停委員の氏名が記載される）
③調停委員会の呼び出し、命令、措置には過料の制裁がある。
④調停委員会には、事実の調査及び必要と認める証拠調べを行う権限や、調停主任又は家事審判官に事実の調査や証拠調べをさせる旨の決議を行う権限を有している。

⑤調停委員は公権力の行使又は国家意思の形成への参画に携わる公務員にあたるから、調停委員には日本国籍を有する。

（２）近弁連からの照会と回答

二〇〇五年七月、近弁連が最高裁判所に対し、①裁判官以下の司法関係職に日本国籍を有しない者が就任することの可否、②過去に就任した事実の存否、③明文上の根拠と不可とする理由について照会したところ、またも事務総局の一部局から、最高裁としては回答しない、事務部門の運用取扱い例としては、裁判官、書記官、事務官、調査官、調停委員は不可であり、過去の実例はこれらの職については無であり、参与員や破産管財人等についてては把握していないとのＦＡＸでの回答であった。

（３）日弁連からの照会と回答

二〇〇八年九月日弁連が最高裁に同様の紹介をなしたところ、事務総局人事局任用課から、調停委員及び司法委員について日本国籍が必要であること、明文上の根拠はないこと、調停委員及び司法委員は公権力の行使にあたる公務員に該当するため日本国籍が必要であると文書回答してきた。

（4）四弁護士会による不服申し立て

二〇一二年二月、大阪弁護士会、兵庫県弁護士会、京都弁護士会、仙台弁護士会から、最高裁判所に対し、裁判所法に基づき調停委員の任命上申除外に対して司法行政の監督権行使の不服申し立てをしたところ、司法行政の監督権行使はしない旨の裁判官会議決定を通知してきた。三行半の決定であり、理由は何も記載されていなかった。

（5）最高裁の答弁

最高裁判所は、二〇一九年四月二三日の参議院法務委員会において、地方裁判所や家庭裁判所から調停委員に推薦のあった弁護士を任命しなかった例は過去になく、これら裁判所が日本国籍を有していないことを理由に外国籍弁護士を調停委員に推薦しなかったことはあるかもしれないが具体的には把握しておらず、またその件数についても承知していないと答弁している。

最高裁が事実上下級裁に指示をしているのに、極めて不誠実な回答である。

ただ、国籍以外の理由で推薦された弁護士が拒否されたことは全くないことがはっきりした。

以上の経緯からみると、最高裁判所のこの問題についての態度は相当頑なであることがわかる。

3　弁護士会の取り組み

（1）全国の弁護士会の取り組み

このように最高裁の頑なな態度を前にしつつ、全国の弁護士会は長年にわたり表のような活動を続けてきた。全国の単位会や、地方の弁護士会連合会、日本弁護士連合会における、決議、意見書の採択、会長声明、シンポジウムの開催等様々な方法をとってこの問題の不当性を明らかにし、訴えてきた。

（2）パンフレットの発行

二〇一四年には、日弁連として『外国籍だと調停委員（司法委員・参与員）になれないの？』というパンフレットを一万部発行した。

（3）プロジェクトチーム（PT）の立ち上げ

二〇一六年には日弁連人権擁護委員会の中に外国籍調停委員問題のPTを設置し、よく二〇一七年に日弁連として初めてシンポジウムを開催した。

（4）学習会の広がり

また、全国の弁護士会からこの問題での学習会を行うための講師派遣の依頼があり、近弁連PTから講師を派遣してきた。この学習会は全国的な広がりを見せている。

（5）国連でのロビー活動

さらに、弁護士会は国連にもこの問題を持ち込んだ。二〇一〇年、二〇一四年、二〇一八年の国連人種差別撤廃委員会の日本政府報告書審査に日弁連は代表を派遣し、ロビー活動を展開した。その結果、同委員会の「総括所見」には、外国籍弁護士が調停委員に採用されるようにとの勧告や、在日コリアンが国家公務員に就任できるように確保することの勧告などが盛り込まれた。

このように日弁連及び各地の弁護士会はすでに二〇年近くにわたり、外国籍弁護士を民事や家事の調停委員等から排除することを見直すことを最高裁に懸命に訴えてきた。

外国籍調停委員採用実現に向けた弁護士会の取組

1 問題の発端

2003年10月 兵庫県弁護士会が神戸家庭裁判所へ家事調停委員として韓国籍の会員を推薦

2004年1月 神戸家庭裁判所が任命上申拒否

2 近弁連、日弁連の取組

任命上申拒否を受けて、近弁連として対象を司法一般に広げた形でシンポジウム

→それを受けて近弁連大会決議

→近弁連に、外国籍の調停委員採用を求めるプロジェクトチームを設置して継続して取り組む

ex.2007年：消防団員や保護司などに対象を広げたシンポジウム

2012年：裁判所法82条、80条1号に基づく不服申立

→裁判官会議を経て三行半の回答

→2016年、日弁連に、外国籍の調停委員採用を求めるプロジェクトチームを設置

ex.2017年：外国人の司法参画についてのシンポジウム

3 過去の経緯

1972年 台湾籍の司法試験合格者が司法修習生に採用を求めたが最高裁は拒否

1974～1988年 台湾籍の大阪弁護士会会員が西淀川簡易裁判所の民事調停委員として活躍

1977年 韓国籍の司法試験合格者が司法修習生に韓国籍のまま採用

2009年 司法修習生の募集要項から国籍条項そのものが削除

4 これまでの経過(太字は近弁連関係、斜体は日弁連関係、下線は最高裁の対応)

2004年3月1日 兵庫県弁護士会が近弁連に対して対応依頼

2005年3月9日 近弁連人権擁護委員会「外国人の司法への参画を考える」シンポジウム実行委員会 第1回委員会開催

2005年7月1日 近弁連から最高裁宛照会書

2005年8月5日 最高裁から「日本国籍を有しない者の就任等について(回答)」

2005年9月10日 近弁連「外国人の司法への参画を考える」シンポジウム

2005年11月25日 近弁連大会「外国籍者の調停委員任命を求める決議」

「各単位会は、民事調停委員又は家事調停委員を裁判所に推薦するにあたり、民事又は家事の紛争解決に有用な知識と経験を有する会員を調停委員候補として推薦することとし、日本国籍の有無を考慮しない。」

2006年7月12日 近弁連理事会「外国籍の調停委員採用を求めるプロジェクトチーム」設置

2007年9月22日 近弁連「多文化共生社会における外国人の社会参画――外国人は、消防団員・保護司・調停委員になれないの？――」シンポジウム

2007年12月5日 兵庫県弁護士会から最高裁、神戸家裁宛申入書

2008年1月24日 大阪弁護士会から最高裁、大阪家裁宛申入書

2008年3月27日 東京弁護士会「外国人の調停委員採用拒否に対する意見書」

2008年9月25日 日弁連「日本国籍を有しない者の司法参加の状況について(照会)」

2008年10月14日 最高裁「日本国籍を有しない者の就任等について(回答)」

2009年3月18日 日弁連「外国籍調停委員・司法委員の採用を求める意見書」

2010年1月20日 大阪弁護士会「外国籍会員の家事調停委員任命上申拒絶に関する会長声明」

2010年1月28日 仙台弁護士会「調停委員推薦に対する仙台家庭裁判所の対応に抗議する会長声明」

2010年2月1日 兵庫県弁護士会「国籍の如何を問わず調停委員の採用を求める会長声明」

2010年2月3日 第二東京弁護士会「国籍を調停委員の就任要件とするのを止めるよう求める会長声明」

2010年2月5日 東京弁護士会「繰り返される外国籍会員の任命上申拒絶に対する会長声明」

2010年3月10日 近弁連理事会決議「外国籍者の調停委員任命拒絶に抗議する決議」

2010年3月25日 京都弁護士会「外国籍弁護士を調停委員の任命から排除しないことを求める会長声明」

2010年3月30日 福岡県弁護士会「国籍を調停委員・司法委員の選任要件としないことを求める声明」

2010年4月6日 日弁連「人種差別撤廃委員会の総括所見に対する会長声明」

2010年4月6日 人種差別撤廃委員会の総括所見で指摘

2010年11月1日 近弁連「外国籍の調停委員採用を求める勉強会」(於神戸)

2010年11月19日 近弁連人権大会「外国籍の調停委員の採用を求める決議」

2010年11月30日 兵庫県弁護士会「外国籍弁護士が調停委員の採用されない件に関する会長声明」

2011年3月30日 日弁連から最高裁宛「外国籍調停員任命問題について(要望)」

2011年7月8日 東北弁連「日本国籍を有しない者の調停委員任命を求める決議」

2011年10月14日 大阪弁護士会「外国籍の弁護士会員の調停委員任命上申の申入書」

2011年12月22日 京都弁護士会「外国籍弁護士の調停委員任命を求める会長声明」

2011 年 12 月 26 日	岡山弁護士会「外国籍会員の参与員選任を求める会長声明」
2012 年 2 月 10 日	**大阪弁護士会、兵庫県弁護士会、京都弁護士会が最高裁判所に「調停委員任命上申除外に対する不服申立書」を提出**
2012 年 2 月 10 日	大阪弁護士会「調停委員の任命上申拒絶に対する不服申立に関する会長声明」
2012 年 2 月 10 日	兵庫県弁護士会「国籍を問わず調停員の任命を求める会長声明」
2012 年 2 月 22 日	**近弁連「重ねて外国籍の調停委員の採用を求める理事長声明」**
2012 年 3 月 14 日	**最高裁判所裁判官会議(議事録参照)**
2012 年 3 月 16 日付最高裁判所から司法行政の監督権を行使しない旨の通知	
2012 年 12 月 13 日	兵庫県弁護士会「国籍の如何を問わず調停委員の任命を求める緊急声明」
2013 年 1 月 11 日	大阪弁護士会「外国籍会員の調停委員任命上申拒絶に抗議する会長声明」
2013 年 2 月 14 日	東京弁護士会「国籍を問わず司法委員の選任をあらためて求める意見書」
2013 年 3 月 27 日	**近弁連「外国籍調停委員実現に向けての国際法学者との意見交換会」**
2013 年 11 月 28 日	兵庫県弁護士会「国籍の如何を問わず調停委員の任命を求める会長声明」
2014 年 1 月 23 日	京都弁護士会「外国籍弁護士を調停委員任命から排除しないことを求める会長声明」
2014 年 3 月 11 日	大阪弁護士会「外国籍会員の調停委員任命を求める会長声明」
2014 年 3 月 27 日	**近弁連「外国籍調停委員の採用を求める理事長声明」**
2014 年 8 月 29 日	人種差別撤廃委員会の総括所見で指摘
2014 年 12 月 8 日	兵庫県弁護士会「国籍の如何を問わず調停委員の任命を求める会長声明」
2016 年 1 月 19 日	兵庫県弁護士会「国籍を問わず調停委員の任命を求める決議」
2016 年 3 月 24 日	京都弁護士会「外国籍の弁護士を調停委員から任命を排除しないことを求める会長声明」
2016 年 3 月 24 日	大阪弁護士会「外国籍会員の調停委員任命を求める会長声明」
2016 年 10 月 20 日	埼玉弁護士会「国籍を問わず調停委員の任命及び司法委員となるべき者の選任を求める会長声明」
2017 年 2 月 8 日	東京弁護士会「当会会員に対する、東京地方裁判所の「日本国籍の確認が取れないことを理由とする司法委員への選任拒否」に抗議する会長声明」
2017 年 2 月 15 日	京都弁護士会「外国籍弁護士を調停委員への任命から排除しないことを求める会長声明」
2017 年 3 月 14 日	大阪弁護士会「外国籍会員の調停委員任命を求める会長声明」
2017 年 3 月 23 日	兵庫県弁護士会「日本国籍を問わず調停委員の任命を求める会長声明」
2017 年 9 月 21 日	京都弁護士会「外国籍弁護士を調停委員任命から排除しないことを求める会長声明」
2017 年 10 月 4 日	日弁連から最高裁宛「照会書」
2017 年 11 月	*最高裁から口頭での回答*
2017 年 11 月 17 日	日弁連「外国人の司法参画」シンポジウム
2017 年 11 月 22 日	和歌山弁護士会「外国籍の弁護士を調停委員任命から排除しないことを求める会長声明」
2017 年 12 月 18 日	秋田弁護士会「外国籍の調停委員・司法委員・参与員の採用を求める会長声明」
2018 年 1 月 25 日	兵庫県弁護士会「国籍を問わず調停委員の任命を求める会長声明」
2018 年 3 月 1 日	沖縄弁護士会「調停委員員明に関し外国籍の者を排除しないことを求める会長声明」
2018 年 8 月 30 日	人種差別撤廃委員会の総括所見で指摘
2018 年 9 月 14 日	神奈川県弁護士会「国籍を問わず調停委員の任命を求める会長声明」
2018 年 12 月 26 日	静岡県弁護士会「国籍を問わず調停委員の任命を求める会長声明」
2019 年 1 月 15 日	大阪弁護士会「外国籍会員の調停委員任命を求める会長声明」
2019 年 1 月 22 日	沖縄弁護士会「調停委員・司法委員・参与員の任命に際し外国籍の者を排除しないことを求める会長声明」
2019 年 1 月 24 日	兵庫県弁護士会「国籍を問わず調停委員の任命を求める会長声明」
2019 年 6 月 6 日	東京弁護士会「当会会員に対する東京地方裁判所の「日本国籍の確認が取れないことを理由とする司法委員への選任拒絶」に抗議するとともに、最高裁判所及び各地方裁判所に対し、国籍を問わず四法印や調停委員に選任することを求める決議
2019 年 8 月 29 日	栃木県弁護士会「日本国籍を有しない者を調停委員から排除しないことを求める会長声明」
2019 年 9 月 20 日	千葉県弁護士会「調停委員、司法委員の任命について外国籍者を排除しないことを求める会長声明
2020 年 1 月 24 日	大阪弁護士会「外国籍会員の調停委員任命を求める会長声明」
2020 年 2 月 10 日	兵庫県弁護士会「国籍を問わず調停委員の任命を求める会長声明」
2020 年 2 月 27 日	鳥取県弁護士会「国籍を問わず調停委員、司法委員及び参与員の任命を求める会長声明」
2020 年 12 月 17 日	兵庫県弁護士会「国籍を問わず調停委員の任命を求める会長声明」
2021 年 1 月 18 日	茨城県弁護士会「国籍を問わず調停委員の任命を求める会長声明」
2021 年 11 月 25 日	兵庫県弁護士会「会長声明『調停委員に日本国籍は不要です」
2022 年 2 月 9 日	大阪弁護士会「外国籍会員の調停委員任命上申拒絶に抗議する会長声明」
2023 年 1 月 17 日	大阪弁護士会「外国籍会員の調停委員への任命上申の拒絶、司法委員の選任拒否に強く抗議し、調停委員・司法委員の任命にあたり国籍を問わないことを求める会長声明
2023 年 3 月 28 日	札幌弁護士会「簡易裁判所、家庭裁判所の調停委員、司法委員等を採用するにあたって国籍を問わない運用に改めることを求める会長声明

第2部　非常勤公務員と国籍

第1章

調停委員等の仕事

ここでは、外国籍の弁護士が就任することを拒否された調停委員、司法委員、参与員というのはどんな仕事をしているのか、公権力を行使しているといえるのか、その具体的な内容を見てみよう。

安藤昌司

1　調停委員

(1) 調停とは

①調停とは

調停とは、裁判所で行われる紛争解決のための手続の一種で、当事者同士の話し合いを通して、お互いに譲り合って実情に応じた解決をするためのものである。裁判所では、裁判（訴訟）が行われているというイメージが強いかもしれないが、調停は、それよりも柔軟な手続きであり、いわば、裁判所という場所を借りた、当事者同士の話し合いである。

紛争を解決したいと考える場合、当事者の一方は、裁判所に調停の申し立てをすることができる。申し立てた当事者を「申立人」といい、申し立てられた側を「相手方」という。

調停が申し立てられると、裁判所は、「調停委員会」を組織して、その仲介にあたることになる。調停では、同じ日に申立人と相手方が呼び出され、期日が開かれる。期日では、調停委員が双方から順番に事情を聞き取り、合意に達することができるよう手続きを進めていくことになる。なお、通常は時間をずらして呼び出され、また、別々の控室で待機するため、当事者同士が直接顔を合わせないことも可能である。

調停はこのような手続きであるから、双方が合意しない限り、調停委員会が何らかの結論を強制したりすることはできないし、また、いずれの当事者も、何かを強制されたりするということはない。

②調停の種類

調停には、家庭裁判所で行われる家事調停と、簡易裁判所及び地方裁判所で行われる民事調停がある。家事調停について定める法律は「家事事件手続法」であり、民事調停について定める法律は「民事調停法」である。

家事調停は、遺産分割や、離婚、離縁、扶養といった家庭内の問題、親族間における問題を対象とする。

離婚などの問題では、まず当事者間で協議を行い、協議が難しい場合には、いきなり裁判をするのではなく、その前に調停を申し立てなければならないことになっている。

民事調停では、交通事故などの損害賠償事件や、土地の境界、金銭の貸し借りなど、民事に関する事件が取り扱われる。これらの事件については、いきなり民事訴訟を提起することもできるが、判決で白黒を決めるのではなく、話し合いによる円満な解決を求めることができる。

このように、調停委員会が仲介し、当事者の合意に基づく紛争解決を図る点では、いずれも同様である。

③調停の成立

調停において当事者間に合意が成立し、これが調書に記載されると、調停が成立したものとされる。調停調書は、裁判上の和解と同一の効力を有するため、非常に強力である。すなわち、債務名義として、これに基づいて強制執行をすることができる。しかしながら、これは当事者の合意の結果であって、調停委員になんらかの強制的な権限があることの根拠にはならない。

（2）調停委員の仕事

①調停に関与すること

調停事件では、申し立てられた事件ごとに調停委員会が組織される。家事調停では、調停委員会は裁判官一名と家事調停委員二名以上（通常は二名）で組織される[*1]。民事調停では、調停委員会は調停主任一名と、民事調停委員二名以上（通常は二名）で組織される[*2]。調停主任は裁判官の中から選ばれる。

このように、調停委員には、家事調停における家事調停委員と、民事調停における民事調停委員とがある。

調停における役割は家事調停委員も民事調停委員も基本的に同様である。調停委員会のメンバーとして、調停の期日に、二人一組で申立人あるいは相手方から事情を聴き取る。簡単に言うと「間に入る」ということである。

具体的な事件をどの調停委員が担当するかについては、事件の内容・性質などが考慮される。たとえば、家事調停事件では、女性・男性の調停委員が一人ずつとされたり、民事調停での建築関係の事件では、一級建築士の資格を持つ調停委員が担当したりする。

調停委員は、両当事者からそれぞれ個別にその主張するところを聴き取る。

しかし、当事者の主張する事実が真実であるかどうか、また、その主張が法律的に正当かどうかを判断することはない。ただ、当事者の主張する事実が真実でないことが明白である場合や、法律的に明らかに成り立たない主張がなされた場合などについて、そのような指摘をすることはありうる。

②その他の仕事1――家事調停委員

家事調停では、調停委員会が家事調停委員に事実の調査をさせたり、担当以外の家事調停委員に専門的な知識経験に基づく意見を聴取したりすることができる*3。これらは、家事調停委員の仕事といえる。

また、家庭裁判所は、調停に代わる審判や婚姻や養子縁組の無効・取消等についての合意に相当する審判をする際には家事調停委員の意見を聞かなければならない*4。これらも、家事調停委員の仕事といえる。

その他、調停委員会が行う手続代理人の許可や傍聴許可などの手続について、調停委員会の一員として関与することになるが*5、これらは調停委員会の裁判官の指揮に従って関与することになる*6。

なお、調停委員会は関係人の呼出[*7]や必要な処分[*8]などをすることができ、正当な理由なく出頭しなかったときには過料を科すことができるという条文がある[*9]。しかし、この過料を科すのは調停委員会ではなく裁判所であるし、そもそも話し合いをするための調停において制裁を用いることはふさわしくない。

このように、事実の調査や調停委員会の決定、裁判官の審判等に条文上は関与することはあるが、いずれも家事調停委員が単独で決定権を持つものではなく、公権力の行使にあたるような権限は持っていないといえる。

③その他の仕事2——民事調停委員

民事調停でも、調停委員会が民事調停委員に事実の調査をさせたり[*10]、担当以外の民事調停委員に専門的な知識経験に基づく意見を述べさせたりすることができる[*11]。これらは、民事調停委員の仕事といえる。

また、裁判所は、調停に代わる決定をする際には民事調停委員の意見を聞かなければならない[*12]。これらも、民事調停委員の仕事といえる。

その他、調停委員会が行う代理人の許可などの手続について、調停委員会の一員として関与することになるが[*13]、これらは調停委員会の裁判官の指揮に従って関与することになる[*14]。

なお、調停委員会は関係人の呼出や必要な調停前の措置などをすることができ*15、正当な理由なく出頭しなかったり従わなかったりしたときには過料を科すことができるという条文がある*16。しかし、この過料を科すのは調停委員会ではなく裁判所であるし、そもそも話し合いをするための調停において制裁を用いることはふさわしくない。この過料を科した件数について最高裁判所に照会したところ、「把握していない」という回答であった。

このように、事実の調査や調停委員会の決定、裁判官の決定等に条文上は関与することはあるが、いずれも民事調停委員が単独で決定権を持つものではなく、公権力の行使にあたるような権限は持っていないといえる。

④おわりに

以上のとおり、調停委員の仕事を概観したが、どのように見渡しても、家事調停委員にせよ民事調停委員にせよ、調停委員単独では、何も強制することはできず、調停委員が何らかの公権力を行使するものではない。

■注

＊1　家事事件手続法248条1項

＊2　民事調停法6条

＊3　家事事件手続法262条、263条2項、264条

＊4　同法277条3項、284条2項

＊5　同法260条1項

＊6　同法259条

＊7　同法260条1項6号、258条1項、51条1項

＊8　同法266条1項

＊9　同法51条3項

＊10　民事調停法8条1項、民事調停規則13条1項

＊11　民事調停法8条1項、民事調停規則18条

＊12　民事調停法17条

＊13　民事調停規則8条2項

＊14　民事調停規則12条の2

＊15　民事調停法12条1項、12条の3

＊16　民事調停法34条、35条

2　司法委員

殷勇基

司法委員は簡易裁判所の民事訴訟に裁判官とともに参加して、その経験、専門知識や健全な良識を争いの解決に生かす。司法委員は一般市民から選ばれる。

司法委員は、裁判官が和解を試みるときにその補助をしたり、審理に立ち会って裁判官に対して参考となる意見を述べたりするのが仕事だ*1。和解の補助、というのは、どのような内容の和解がふさわしいと考えるのかを裁判官に助言したり、裁判官とともに、当事者に対して説明したり、当事者の説得に当たる、ということだ。また、審理に立ち会う場合には、証人の証言が信用できるかどうかとか、事件をどう見るべきかなどについて裁判官に意見を述べる。司法委員はこれらのしごとを一般市民の良識や知識、経験に基づいて行うが、司法委員の意見は、あくまで参考意見で、最終的には裁判官が判断する。

司法委員は、毎年あらかじめ「司法委員となるべき者」として地方裁判所が選任している人の中から、個別の事件ごとに簡易裁判所が指定する*2。選任されるために特別な資格などは必要ない。社会人としての健全な良識を生かすための制度だからだ。もっとも、弁護士や大学の法学部教授などが選任されることもあり、その場合、その専門知識を生かすことが期待されている。とはいえ、司法委員には法律知識は不要で、地域の事情に詳しい人や、医学や不動産鑑定の専門知識を持っている人なども「司法委員となるべき人」として選任されている。

上記のとおり、司法委員は個別の事件ごとに指定される、非常勤の裁判所職員だ。実際に司法委員に指定されて事件に関与した場合には必要な旅費や日当が支給される*3。

司法委員は裁判官の補助の仕事であり公権力の行使とはいえない。他方で、市民の良識のあるなしは、日本国籍の有無にかかわらないから、日本国籍がないと司法委員に選任しないのはおかしなことだといえる。

■注

＊1　民事訴訟法279条1項

＊2　同法279条3項

＊3　同法279条5項

3　参与員

呉裕麻

参与員は、家庭裁判所で行われる、名の変更、戸籍訂正、未成年者の養子縁組などの家事審判事件の手続の際に、審判に立ち会ったり、あらかじめ提出された書類を閲読したりして、裁判官が判断をするのに参考となる意見を述べるとされている。

参与員は非常勤の裁判所職員とされ、あらかじめ選任された参与員候補者が個々の事件につき家庭裁判所から指定をされることで初めてその身分を取得する。そして、当該事件に限り職務を行い、指定の取り消しや事件の終了により身分を失う。

選任される者の資格などは参与員規則に定められている。

そして、同規則1条は、参与員の選任資格について、「徳望良識のある者の中から、これを選任しなければならない」と定め、日本国籍をその要件としていない。また、同規則2条は、参与員の欠格事由を定めるが、そこにも日本国籍を有しないことを欠格事由とはしていない。

さらに、裁判所のウェブサイトでは参与員について「選任されるための特別な資格などは必要ではなく、人望があって、社会人としての健全な良識のある人から選ばれています。例えば、弁護士、公認会計士、不動産鑑定士などの専門的な資格のある人や大学教授のほか、地域社会に密着していろいろな活動をしてきた人など、豊富な社会経験のある人たちが事件の性質に応じて選任されています」と紹介されている。

このような参与員の職務内容からすれば、公権力の行使にあたるような内容ではなく、外国籍者が就任しても何ら問題はないと考えられる。

にもかかわらず、日本国籍を有しない者が参与員に選任されたという事例は、現在、確認できていない。また、二〇〇五年に近畿弁護士会連合会が日本国籍を有しない者が参与員となることの可否について最高裁判所に照会を行ったところ、最高裁判所は回答を「差し控えたい」とした。その上で、採用の実例の有無については「把握していない」と回答をした。

その後、二〇一一年には岡山弁護士会が参与員候補者として韓国籍の弁護士を岡山家庭裁判所に推薦したが、岡山家庭裁判所はその採用を拒否した。これを受け、同年一二月には岡山弁護士会が、翌年二月には日弁連が外国籍者であっても参与員に採用することを求める内容の会長声明を出した。

第2章

その他の非常勤公務員の実状

調停委員、司法委員、参与員については、非常勤公務員で「公権力の行使」に関わるからという理由で、外国籍の弁護士が就任することを拒否された。ところが、同じ非常勤公務員で「公権力の行使」に関わりがありそうなものであっても、外国籍の人が就任した実績のあるものがある。いったい何が違うのか、具体的な仕事内容を見てみよう。

1　保護司

野口善國

保護司は法務大臣から任命された民間ボランティアであり、犯罪や非行を犯した人々が社会で更生していくことを助ける非常勤の公務員である。

私たちの調査（二〇〇七年）では全国の保護司の中に二名の外国籍の人がいることがわかった。保護司は欧米では珍しい制度であるが、保護観察官の指導の下に保護観察の対象者の相談に乗り、助言するなどして、対象者が社会内で更生することを助ける他、対象者の状況、例えば遵守事項をきちんと守っているかどうかを保護観察官に報告したり、施設収容中の人の引受人となる家族等を訪問し、対象者が釈放後円滑に社会復帰できるように調整をしたりする職務である。

例えば、観察の対象となっている少年を自宅に呼んで話を聞いてその悩みに助言したり、少年の家に行き、少年と親に会い、親子の話を聞いて親子の間柄を調整したりするが、少年の行動に、仕事をせず家にも帰ってこないような問題があれば報告書に書いて報告する。

また刑務所に収容されている人の両親を訪問し、本人がそこに帰ってきたら受け入れてもらえるのか、仕事につけるのかを確かめたり、両親が本人の出所後、本人の指導に自信がないという相談に乗ったりするのである。

遵守事項に重大な違反があれば仮釈放を取り消されることも有り、引受人候補となっている人に犯罪傾向があるなど引受人として不適切な事実を保護司が発見して報告すれば仮釈放が許可されないこともある。

例えば少年院から仮退院してきた少年が、帰住先として自宅に帰ることになっていたのに、家に寄り着かず、保護司との面接も全てすっぽかし、暴力団組織に加わり非行を繰り返していると、保護司が報告すればその少年は仮退院が取り消され、少年院に逆戻りすることもある。

また、刑務所の収容者が出所後の帰住先としていた家に保護司が行ってみると一見暴力団関係者風の男たちが昼間からゴロゴロしているとすれば、収容者が他の帰住先を希望しない限り、仮釈放は許可されない。

保護司の職務はソーシャル・ケースワーカー的色彩が強いが、その判断が対象者の身体拘束に影響を与えるという意味では調停委員以上に権力的色彩もある。

保護司は外国籍の人でもなり得るのに、調停委員は公権力を行使するからなれないというのでは説得力を欠く。

2 刑事視察委員会視察委員

白承豪

刑事視察委員会は、二〇〇六（平成一八）年に施行された「刑務収容施設及び被収容者等の処遇に関する法律」（以下「処遇法」という）に基づいて発足された。この委員会に期待されている役割は、刑事施設（刑務所、少年刑務所、拘置所）の運営状況を視察して、運営の改善点を把握して、施設の所長に意見を述べることである。

この処遇法が施行されるまでは、日本における刑事施設は、一九〇八（明治四一）年に制定された「監獄法」に基づいて約一〇〇年にわたり運営されていた。ところが、二〇〇一（平成一三）年一二月に、名古屋刑務所の保護房に収容されていた男性受刑者が当時の副看守長らの行為により死亡する事件が発生し、この事件をきっかけとして、それまで所長の強大な権限に支配されていた施設内の運営に関する「監獄法」が廃止され、新たに「処遇法」が制定されることになった。その際、外部の第三者が適切に運営されているかどうかを監視し、施設の運営改善を求めるための制度として視察委員会が導入されたのである。

この視察委員会は、弁護士会、医師会、地方公共団体から推薦された専門職の委員と地域住民の自治会長などが委員となり、一年任期の非常勤の国家公務委員としての身分が与えられている。委員会の活動は、施設の視察、受刑者との面接、受刑者から投函された提案書の確認、その提案について施設長から情報の提供を受け、施設の運営改善の必要を議論して、施設長にその改善を求めることである。この求め（意見）に対して、施設長は応じるべき法的義務はないが、努力義務があり、委員会から受けた意見に対して改善した措置を法務大臣に報告し、法務大臣はこれを公表することになっている。

委員の活動はこのようなものであるが、事実上、その権限は強大である。まず、外部の人は受刑者に直接会って話を聞くことも通常はできないが、委員会は、だれから、どのような苦情を聞くのかを自ら決められるし、もちろん、施設職員の立会もない。施設長に直接質問したり、手持ちの資料をすべて開示させたりすることもできる。施設内のいかなる場所にも立ち入ることができる。

このように、視察委員は、公権力を行使する施設長の施設運営に関して意見を述べることによって運営の改善を求める役割が期待されているものであり、いわば公権力の行使に関わる重要な職務といえる。

私は、二〇〇八（平成二〇）年四月から二〇一〇（平成二二）年三月まで、加古川刑務所の刑事施設視察委員会の委員長を務めた。長らく兵庫県弁護士会の人権擁護委員会の委員として、刑務所内における人権侵害申立の調査を担当しており、その経験を生かすために、兵庫県弁護士会の推薦を得て視察委員に就任し、しかも、委員長という重責が与えられたのである。法務省からは、特に私の国籍について異論を述べられたこともなく、法務大臣から任命されたものである。

私が視察委員長としてかかわってきた期間において、私が外国籍であるとして問題になったことは一度もない。私としては、自由が拘束されている受刑者が不当な不利益を受けていないかを監視し、公権力を行使する施設長に対して必要な改善を求めることを常に考えながら活動していたと自負している。

3 入国者収容所等視察委員

金喜朝

入国者収容所等視察委員会は、入国者収容所及び収容場並びに出国待機施設の適正な運営に資するため、これらの施設を視察し、運営に対して意見を述べる第三者機関である。二〇一〇（平成二二）年七月に入管法（出入国管理及び難民認定法）に基づいて設置されている。

現在、東日本地区・西日本地区に各一か所、計二か所の視察委員会が設置されている。視察委員会の権限として、担当区域内の入国者収容所等から情報提供を受ける権限、入国者収容所等を視察する権限、被収容者との面接の実施について入国者収容所等に協力を求める権限があり、入国者収容所長・地方出入国在留管理局長は、視察委員会の視察や面接について必要な協力をしなければならないとされている*[1]。法務大臣は、視察委員会が述べた意見及び入国者収容所長等が講じた措置の内容等を取りまとめ、その概要を公表するものとしている*[2]。

そして、視察委員は、視察委員会で決めたスケジュールにしたがって担当区域内の入国者収容所等を視察し、その際に面接を希望する被収容者との面接を行う。また、視察委員は、視察委員会が施設の運営についての意見を取りまとめる際、視察や面接の結果に基づいて意見を述べることができる。

視察委員会を構成する視察委員は、法務大臣が任命し、非常勤公務員である[*3]。現在の委員数は、それぞれの視察委員会に一〇名で、職種別の内訳は、学識経験者二名、法曹関係者二名、医療関係者二名、国際機関・NGO関係者二名、地域住民二名である。委員就任に国籍要件はなく、これまで少なくとも三名の外国籍者（うち法曹関係者〔弁護士〕二人、NGO関係者一人）が委員に就任している。

入国者収容所等視察委員会が第三者機関として十分な機能を果たしているかについては様々な意見があるところだが、視察委員の就任及び権限について国籍による差別はなく、実際にも外国籍者が就任しているが、外国籍者の就任により何ら問題は生じていない。

■注

＊1　入管法61条の7の4

＊2　同法61条の7の5

＊3　同法61条の7の3

4 消防団員

吉井正明

消防団とは、消防本部や消防署と別に消防組織法に基づき、それぞれの市町村に設置される消防機関である[*1]。

消防団長は、消防団の推薦に基づき市町村長が任命し、消防団長以外の消防団員は、市町村長の承認を得て消防団長が任命する[*2]。

また、消防団員に関する任用、給与、分限及び懲戒、服務その他身分取扱いに関しては、消防組織法に定めるものを除くほか、常勤の消防団員については地方公務員法の定めるところにより、非常勤の消防団員については条例で定めるとされている[*3]。ただ、上述のとおり法律上は常勤の消防団員も想定されているものの、現実には消防団員は非常勤の者のみで構成されているようである。結局、現実には消防団員は、常勤の消防職員（消防本部及び消防署で勤務するの職員）とは異なり、火災や大規模災害発生時に自宅や職場から現場へ駆けつけ、その地域での経験を活かした消火活動・救助活動を行う、非常勤特別職の地方公務員である。そして、消防団員は、火災現場において、区域からの退去を命じたり、出入を禁止・制限したりすることや[*4]、消火や人命救助のために必要な場合には火災発生場所の使用を制限したり処分したりすることができるという権力的な権限を持っている*5。

ところで、消防団の現状は以下のとおりである。社会の変化に伴い、過疎地域等においては、新たに団員として参加する若年層が年々減少しているとされる一方で、都市部を中心に地域社会への帰属意識が希薄になり、消防団を含む既存の地域組織の活動に親しまない住民が増加している。また、団員の年齢構成も年々変化し、近時、高齢化が進んでいる。

他方で、消防団は、上述のとおりその地域での経験を活かした消火活動・救助活動を期待される組織であり、実際に、いわゆる阪神・淡路大震災において、消防団員が日頃の地域密着の活動の経験を活かして、数多くの人を救出したこともあり、その地域密着性等から災害時における消防団の役割の重要性が再認識されている。

このように、消防団の重要性は認識されているにもかかわらず、上述のとおり消防団員の減少・高齢化が見受けられる。消防団員の重要性・地域の防災の観点からすれば、消防団員の人員確保・若年層の参加は急務であるといえよう。

この点、外国人が消防団員に採用される事例が全国各地の自治体で増えており、自治体に対するあるアンケート調査では、外国人消防団員がいると回答したのは、一六一三市区町村のうち九%の一四七の自治体に上った。

消防団員の権限には前述のような権力的なものが含まれるが、消防団員の役割・消防団員を取り巻く現状に照らして，外国籍を保有する者が実際に消防団員として採用されており、そのことによる不都合や問題は生じていない。

■注

＊1　消防組織法9条

＊2　同法22条

＊3　同法23条1項

＊4　消防法28条1項

＊5　同法29条1項

第3部　理論編

第1章

問題の所在

空野佳弘

1　日本国籍を有しないということは何らの関係もない

一番の問題は、弁護士資格を有しているのに、日本国籍を有しないということだけで、なぜ民事調停委員、家事調停委員等になることができないのかという誰しもが感じる疑問である。

日本における民事調停制度、家事調停制度は後記の通り、いずれも話し合いを基礎として紛争を解決する制度である。裁判官一人、調停員二人の三人のチームで事件を担当することが多い。話し合いによる解決で大事なことは、証拠によって白黒をはっきりさせ、一〇〇対ゼロの解決をすることではなく、双方の言い分が取り入れられ、互いが納得したうえで紛争の解決に到達することである。

当事者の話し合いをリードするうえで、調停委員に求められる資質は、まず第一に当事者からよく話を聞くことができることである。その上で、当事者の置かれている背景をよく理解することである。当事者が外国籍の人である場合は、その文化的背景を理解することが当事者の理解につながると思われる。これに加え、その紛争についての関連する法的知識があることが望ましい。調停で解決できずに裁判に移行した場合の解決の見通しをもって調停に臨むことができるからである。

ここに、日本国籍を有しないということは何らの関係もない。関係のないことで、調停委員という仕事の領域から日本国籍を有しない弁護士たちを排除するというようなことが許されるか、それは差別であり、人権侵害ではないかという問題である。

2　最高裁判所による排除・人権侵害

第二の問題は、そのような排除もしくは人権侵害が、最高裁判所によって行われているという問題である。最高裁判所は行政の行き過ぎを正し、市民の権利を守る最後の砦である。その最高裁が、上で見たように全国の下級裁判所を指導して、日本国籍を有しない弁護士について、最高裁に調停委員の推薦を挙げさせないようにしているのである。人権を守るべき機関が、先頭に立って人権侵害を行っている、これは背理というしかない。梁英子弁護士が神戸家庭裁判所の調停委員の推薦を拒否されたとき、「どうして梁先生がなれないの」と驚いた裁判官がいたという話を間接的に聞いたが、それが現場の裁判官の率直で正しい感覚と思われる。最高裁判所が誤った方向に下級裁判所を統制しているのである。

3 法律上の根拠がない司法行政の実行

第三に、このような司法行政の実行が、何らの法律上の根拠なしに進められていることである。すでに見たように、民事調停法、家事手続法のいずれにも国籍要件は置かれていない。上のような日本国籍を有しない弁護士の調停委員からの排除は、事実上の司法行政の一環として行われているに過ぎない。市民の権利を制約する場合は、制約の合理的根拠とともに法律上の根拠を必要とするというのが法の支配の原則のはずである。最高裁自らこれに反してよいものか。

4 国際人権法の観点から

第四に、国際人権条約、特に自由権規約や人種差別撤廃条約は、内外人平等と差別の禁止を謳い、国籍の違いのみに基づく合理的根拠のない差別や自由の制約を許していない。この点は後に、国際人権法の研究者が明らかにしてくれる。

5　多文化社会の中で

第五に、日本はすでに三〇〇万人に及ぶ外国籍の人々が社会の中で生活する多文化社会に至っていることである。少子化の今後ますますの進行とともに、この多文化社会の傾向はさらに進むと思われる。

そうした中で、最高裁によるこの外国籍弁護士の調停員からの排除は恐ろしいほどに時代錯誤と考えられる。多文化社会の中では弁護士だけではなく、日本に定着した外国籍市民にも調停委員への門戸が開かれるべきである。外国籍弁護士や外国籍市民は日本社会に活力をもたらしてくれる人材であることを忘れてはならない。

6　歴史的経緯

六番目は歴史的経緯である。日本は戦前約四〇年間、朝鮮（大韓民国）を植民地支配した。戦後も在日韓国人・朝鮮人の人々に対する差別が根強く日本社会に残り続けてきた。本件の外国籍弁護士の大半は韓国籍・朝鮮籍の人たちであり、この差別の歴史が有形、無形に影響を及ぼしていると考えられる。しかし、この人々はすでに五世にも達しており、完全に日本社会の構成員となっている。この歴史的差別をなくしていく一貫としても、この調停委員からの排除問題も解決がなされなければならない。

第2章

法律はどうなっているのか
——国籍条項の法的根拠

安藤昌司

1　調停委員の任命についての法の定め

(1) 調停委員には、民事調停委員と、家事調停委員とがある

民事調停委員の任命については、民事調停法が、同法8条第2項で次のように定めている。

「民事調停委員は、非常勤とし、その任免に関して必要な事項は、最高裁判所が定める」

また、家事調停委員の任命については、家事事件手続法が、同法第249条第1項で、次のように定めている。

「家事調停委員は、非常勤とし、その任免に関し必要な事項は、最高裁判所規則で定める」

（2）任命に関する内容

これらの法律を受けて、最高裁判所は、「民事調停委員及び家事調停委員規則」を定めており、その任命に関する内容は次のとおりである。

「第一条　民事調停委員及び家事調停委員は、弁護士となる資格を有する者、民事若しくは家事の紛争の解決に有用な専門的知識経験を有する者又は社会生活の上で豊富な知識経験を有する者で、人格識見の高い年齢四十年以上七十年未満のものの中から、最高裁判所が任命する。ただし、特に必要がある場合においては、年齢四十年以上七十年未満の者であることを要しない」

（3）任命の要件

すなわち、どのような人物から調停委員が任命されるかについては、まず、「弁護士となる資格を有する者」が、その筆頭に挙げられているのである。その趣旨は、在野の法曹である弁護士こそが、紛争の仲介をする者としてもっともふさわしい資質を備えている点にあろう。

そのほかは、原則として年齢が四〇歳以上七〇歳未満であれば、特に制限はなく、日本国籍を有する者であることは、要件とはされていない。

（4）調停委員の欠格事由

また、規則は、その第2条で調停委員の欠格事由を定めており、それは、次のとおりである。

①禁錮以上の刑に処せられた者

②公務員として懲戒免職されて二年経っていない者

③裁判官として裁判官弾劾裁判所で罷免の裁判を受けた者

④弁護士、公認会計士など一定の資格について、除名されるなどの重い処分を受けた者

⑤医師・歯科医師として法の規定により免許を取り消されている者

いずれもかなり重大な事由に限られているということができる。当然ながら、国籍については何ら触れられていない。

（5）調停委員の解任事由

規則は、その第6条で、調停委員の解任事由を定めており、それは、次のとおりである。

①調停委員としての欠格事由に該当した場合。

②調停委員が心身の故障のため職務の執行ができないと認められるとき。

③職務上の義務違反など、調停委員としてふさわしくない行為をしたと認められるとき。

以上のとおり、調停委員の任命、欠格事由、解任事由についての法律および規則の内容をみてきたが、国籍については何らの制限がないことを、あらためて確認したい。

2 その他の法律等における国籍条項[*1]

わが国の法律において、公務に就任する場合に、明文上、日本国籍を有することが要件となっている例は存在しており、以下、概観する。

(1) 外務公務員

外務公務員とは、大使、公使、政府代表などのことをいう。これらの公務員は、対外的に日本国を代表する立場を有することから、外務公務員法7条1項により、「国籍を有しない者又は外国の国籍を有する者」はなることができないとされている。

(2) 議員等

①議員

国会議員、都道府県議会の議員、知事、市町村議会の議員については、その被選挙権が、公職選挙法10条1項、地方自治法19条により「日本国民」に限定されている。

国会議員については、日本国民の代表者（日本国憲法前文など）であることから、その被選挙権が日本国民に限られている。

都道府県議会の議員、知事、市町村議会の議員についても、地方自治体における立法権・行政権を司る権能を有することから、その被選挙権が日本国民に限られている。

なお、被選挙権ではなく、地方自治体における選挙権については、日本国憲法第93条第2項が「地方公共団体の長、その議会の議員及び法律の定めるその他の吏員は、その地方公共団体の住民が、直接これを選挙する」として、「国民」ではなく「住民」と規定している。そうすると、「住民」には外国籍を有する人も含まれると考えられ、必ずしも日本国民に限る必要はないという解釈もありうる。

②合併特例区の長
いわゆる平成の大合併の際に、合併特例区の長が選任されたが、これについては、市町村の合併の特例に関する法律第33条により、「市町村長の被選挙権を有する者」すなわち日本国民から選出されることとされている。

③新村の職務執行者

大型の干拓事業などがなされた場合、広大な土地が新たに生まれ、そこにあらたに村が作られることがある。その村における職務執行者については、大規模な公有水面の埋立てに伴う村の設置に係る地方自治法等の特例に関する法律第4条第1項により、「市町村長の被選挙権を有する者」すなわち日本国民から選ばれるとされている。

④水防事務組合議会議員

水防事務組合とは、市町村が共同して水防に関する責務を果たすために、関係市町村が共同で設置する組合である。具体例としては、淀川左岸水防事務組合、淀川右岸水防事務組合がある。水防事務組合議会議員は、その議会の構成員であるが、水防法第3条の4により、水防事務組合を構成する市町村の議員の被選挙権を有する者、すなわち日本国民に限定されている。

上記③ないし④の職務については、住民が直接選出した代表であるわけではないが、地域住民の代表として、その利益のために活動する者であり、公権力を行使する職務であることから、法律上、日本国民であることが要件とされているものと考えられる。

（3）国民の意思表明（投票）に関連する職務

国民の意思を表明する手段として、投票が行われるが、これに関する職務については、以下のとおり、日本国民であることが要件とされている。

①中央選挙管理会の委員

衆議院・参議院の比例代表選挙、最高裁判所裁判官の国民審査では、中央選挙管理会が置かれ、それらに関する事務を管理する。その委員は、公職選挙法5の2の2によって、「参議院議員の被選挙権を有する者」すなわち日本国民から指名されるとされている。

②選挙管理委員会委員

地方自治体においては、選挙管理委員会が置かれ、これが国政選挙を含む各種選挙の事務を管理する。選挙管理委員会の委員は、地方自治法第182条において、「選挙権を有する者」すなわち日本国民とされている。

③投票・開票関連

公職の選挙では、投票管理者がその選挙の投票に関する事務を行う。そして、投票事務の公平性を確保するため、投票立会人が置かれ、投票事務全般に立ち会う。

投票の後には開票作業がある。開票作業では、その責任者として開票管理者が置かれ、開票事務を行う。開票事務の公平性を確保するため、開票立会人が置かれ、開票事務全般に立ち会う。

開票作業の後、当選者の確定作業となる。当選者の確定作業については、各選挙ごとに、選挙会が置かれる。選挙会では、各選挙において開票結果を開票管理者からの報告によって確認するなどしたうえ、当選人を決定する。選挙長とは、選挙会に関する事務を行うものである。

衆議院（比例代表選出）議員若しくは参議院（比例代表選出）議員の選挙又は参議院合同選挙区選挙においては、選挙長のほかに、都道府県ごとに、選挙分会長が置かれる。

選挙立会人とは、選挙会または選挙分会の公正を確保するために、これらに立ち会う者である。

以上のとおり、投票からその結果の確定までには、「投票管理者」「投票立会人」「開票管理者」「関票立会人」「選挙長」「選挙分会長」「選挙立会人」が関与するが、それらの職務については、いずれも、法律上日本国民に限定されている。

④国民審査

最高裁判所の裁判官は、その長官は内閣の指名に基づいて天皇が任命する（日本国憲法第6条第1項）。それ以外の裁判官は、内閣が任命する（日本国憲法第79条1項）。

これら最高裁判所裁判官の任命については、国民による審査が行われる。国民審査は、衆議院議員総選挙の際に行われる。

最高裁判官の国民審査では、審査分会が都道府県ごとに都道府県庁又は都道府県の選挙管理委員会の指定した場所で開かれ、審査分会長がその事務を行う。審査分会長は、都道府県内におけるすべての開票管理者から開票結果の報告を受け、その報告を調査する。その調査には、公正を確保するため、審査分会立会人が立ち会う。

審査分会長は、調査が終わり次第、審査分会における調査結果を審査長に報告する。

審査会は、中央選挙管理会の指定した場所で開かれ、審査長がその事務を担当する。審査長は、審査分会長からの報告を受け、審査会を開き、その報告を調査する。その調査には、公正を確保するため、審査立会人が立ち会う。

以上のように、「審査分会長」「審査分会立会人」「審査長」「審査立会人」が活動するが、そのすべてについて、最高裁判所裁判官国民審査法により、「審査権を有する者」すなわち日本国民に限定されている。

⑤日本国憲法改正手続における国民投票

日本国憲法はわが国の最高法規であり、その改正手続は厳格なものとなっている。すなわち、国会が衆参両議院の総議員の三分の二以上の賛成を得たうえで発議し、その議案について、さらに国民投票が行われる。国民投票で過半数となった場合、はじめて憲法が改正されるのである（日本国憲法第96条）。

国会の発議も、国民投票も、まだ実際に行われたことはないが、国民投票の手続きは、国民審査と同様に、国民投票分会が開かれ、国民投票分会長がその事務を行う。国民投票分会長は、開票管理者から開票結果の報告を受け、その報告を調査する。その調査には、国民投票分会立会人が立ち会う。

国民投票分会長は、調査結果を国民投票長に報告する。

国民投票会は、国民投票長がその事務を担当する。国民投票長は、国民投票分会長からの報告を受け、国民投票会を開き、その報告を調査する。その調査には、国民投票立会人が立ち会う。

以上のように、「国民投票分会長」「国民投票分会立会人」「国民投票長」「国民投票立会人」が活動するが、そのすべてについて、日本国憲法の改正手続に関する法律により、「投票権を有する者」すなわち日本国民に制限されている。

（4）公証人

公証人とは、公証役場において、公正証書の作成などを職務とする公務員である。公正証書は、遺言公正証書や、離婚公正証書など多岐にわたるが、公正証書は債務名義ともなりうるため、その効力は非常に強い。すなわち、公正証書に書かれた約束が守られない場合、公正証書に基づいて、強制執行をすることができるのである。強制執行では、債務者の自宅・預金口座などの財産や、給料等を差し押さえることができる。

公証人は、公証人法第12条により「日本国民」に限られている。

（5）都道府県公安委員会委員

公安委員会とは、警察の政治的中立性を確保するため、警察行政を民主的に管理する組織である。また、自動車の運転免許、風俗営業、銃砲刀剣類等の許可や取消し等を行っている。

公安委員会の委員については、警察法第39条により、「被選挙権を有する者」すなわち日本国民に限定されている。

（6）教育委員会委員

教育委員会は、すべての都道府県、市町村等に設置された、教育行政における基本方針等を決定し、地域の学校教育等を担当する行政委員会である。

教育委員会の委員については、地方教育行政の組織及び運営に関する法律第4条により、「被選挙権を有する者」すなわち日本国民に限定されている。

（7）検察審査員

検察審査会は、検察官が不起訴とした事件について、その処分が正当なものであったかどうかを審査している。

検察審査会のメンバーである検察審査員は、一一名であるが、検察審査会法第4条により、選挙権を有する者の中からくじで選ばれるとされており、すなわち日本国民に限定されている。

（8）裁判員

裁判員とは、裁判員裁判において、合議体を構成し、被告人の有罪無罪、有罪である場合の刑期など量刑を判断する者である。

裁判員法13条により、衆議院議員の選挙権を有する者」とされており、日本国民に限定されている。

（9）人権擁護委員

人権擁護委員は、「国民に保障されている基本的人権を擁護し、自由人権思想の普及高揚を図る」ことを目的に置かれている（人権擁護委員法第1条）。

人権擁護委員については、同法第6条により、「当該市町村の議会の議員の選挙権を有する住民」すなわち日本国民と制限されている。

（10）民生委員・児童委員

民生委員とは、厚生労働大臣からの委嘱に基づき、それぞれの地域で、「常に住民の立場に立って相談に応じ、及び必要な援助を行い、もって社会福祉の増進に努める」非常勤の地方公務員である。

民生委員は民生委員法第6条により、「当該市町村の議会の議員の選挙権を有する者」とされ、日本国民に制限されている。

民生委員は児童委員を兼ねており、したがって児童委員も日本国民に限られている（児童委員法第16条）。

民生委員、児童委員については、非常勤の公務員であり、かつ、住民の立場に立って活動するものであるから、日本国民に限る必要性は乏しいように思われる。

3　規則による制限

ここまで、法律上の規定を概観してきたが、国家公務員、地方公務員については、規則により、日本国籍を有しない者が就任することが広範に制限されている。

(1) 国家公務員

一般職の国家公務員については、「日本の国籍を有しない者」は、採用試験を受けることができない（人事院規則8-18　第9条1項3号）

ただし、例外的な場合については、外国人との契約をすることができるとされている（人事院規則1-7）。

(2) 地方公務員

地方公務員については、一九七〇年代以降、差別撤廃運動などにより多くの地方自治体において国籍条項が撤廃され、多くの外国籍者が実際に地方公務員として働いている。

しかしながら、管理職への昇任や一定範囲の地方公務員への就任については、多くの地方自治体において「人事委員会規則」「職員の任用に関する規則」「日本国籍を有しない職員を任用することのできる職の範囲を定める規則」「日本の国籍を有しない者を任用することができない職の範囲を定める規則」等が定められており、「公権力の行使又は公の意思の形成への参画に携わる公務員」への就任について国籍による制限がなされている。

例えば、大阪府では、「日本国籍を有しない職員を任用することのできる職の範囲を定める規則」が定められており、そこでは、「公権力の行使又は公の意思の形成への参画に携わる公務員となるためには日本国籍を必要とするという公務員に関する基本原則を踏まえ」「外国籍職員を任用することのできる職の範囲を定める」とされている。

府条例の内容は、後述の二〇〇五年の最高裁判決を踏襲し、管理職への昇任を一切認めないものとなっている。しかしながら，公務員には守秘義務や職務専念義務があり、国籍を理由に管理職への就任を認めないのは、法の下の平等に反し、その合理性に問題があるといわなければならない。同最高裁判決における滝井裁判官の反対意見では「地方行政機関については、その首長など地方公共団体における機関責任者に限られる」」としており、泉裁判官の反対意見では「特別永住者は通常は生涯にわたり所属する共同社会の中で自己実現の機会を求めたいとする意思は十分に尊重されるべく、特別永住者の権利を制限するについては、より厳格な合理性が要求される」としている。管理職といっても様々な職種があり、職種の中身を吟味することなく、一律に排除している点、合理的理由は認められず、今後見直しが必要と思われる。

4　おわりに

以上のとおり、法律および規則における国籍条項をみてきたが、法律は、我が国を代表する立場の公務員、議会の議員、選挙など国民の意思を形成する過程に関与する公務員、そのほか一定の重大な権力作用を有する公務員について、国籍条項を定めている。このように、多くの公務員の国籍要件については、その当否、憲法適合性はともかく、その目的等に応じ法律または規則により定められている。法律、規則に定めがないままで、「当然の法理」などという法律上の根拠のない内閣法制局の見解により、一律に個人の基本的人権である公務就任権を制約することは法治主義に反し許されない。

仮に、合理的な理由が認められれば法律や規則による制限がなくとも国籍による排除が認められる余地があるとしても、少なくとも個々の具体的職務内容に照らして合理的理由があるかどうかの判断がなされなければならない。当該公務員の職務が、市民の権利義務を直接形成し範囲を画するような公権力の行使や公の意思形成への参画に関わるものであるのか、関わるとしてもその程度はどの程度なのか等を具体的に検討し、市民の権利義務を形成し範囲を画する程度が直接的かつ重大なものでない場合には、原則的に国籍による排除は合理化できないとすべきである。

また、旧植民地出身者とその子孫である特別永住者については、本来日本国籍の選択権が保障されてしかるべきであったという第3部第5章で述べられるような歴史的経緯を踏まえて、他の定住外国人一般とは異なり、より広範囲に公務就任を認める取扱いをすることも十分考えられる。

そうすると、法律上の解釈の帰結としては、「公権力の行使又は公の意思の形成への参画に携わる公務員」ではなく、かつ、法律または規則上日本国民に限られていない職務であり、少なくとも直接的かつ重大な程度に市民の権利義務を直接形成し範囲を画するような公権力の行使や公の意思形成への参画に関わるものでない職務については、日本国籍を有しない者であっても、就任できるといえよう。

調停委員についてこれをみると、調停委員は、法律または規則上日本国民に限られておらず、そもそも公権力の行使や公の意思形成への参画に関わるものではないのであるから、日本国籍を有しない者が調停委員に就任することには何らの問題もない。

第3章

日本における国籍条項

池田直樹

1 「当然の法理」批判

(1) 「当然の法理」とは

第1部第3章の「裁判所の対応とそれに対する弁護士会の取り組み」で詳しく述べているように、最高裁判所は、外国籍者は調停委員、司法委員、参与員にはなれないとして、その採用を拒否していて、その理由として「当然の法理」を持ち出している。では、「当然の法理」とは何か、どのような経過でこの「当然の法理」が出てきたのか。

第3部第5章の「在日朝鮮人・台湾人の国籍の歴史的考察」で詳しく述べているように在日朝鮮人等は、一九五二(昭和二七)年平和条約(同年四月二八日発効)の直前に出された同月一九日「通達」によって、右条約発効とともに日本国籍を喪失した。当時の統計によれば、在日朝鮮人として外国籍のまま在職する一般職国家公務員八三名（一九五一〔昭和二六〕年一二月一日現在）、地方公務員一二二余名（一部未報告）（一九五二〔昭和二七〕年一月三一日現在）が存在したが、国籍剥奪とともに、外国籍者となった在日朝鮮人等の公務員の処遇を決めなければならず、このような過程で「当然の法理」が出てきたのである。

「当然の法理」とは、「公権力の行使または公の意思形成への参画にたずさわる公務員となるためには日本国籍が必要」との法理である。

一九五二（昭和二七）年、政府から内閣法制局に対して「我が国の公務員が日本国籍を喪失した場合、その者は、公務員たる地位を失うか」という照会があったが、翌一九五三（昭和二八）年三月二五日（法制局1発第29号）内閣法制局は以下の通り回答した。

「一般に、我が国籍の保有が我が国の公務員の就任に必要とされる能力要件である旨の法の明文の規定が存在するわけではないが、公務員に関する当然の法理として、公権力の行使または国家意思の形成への参画にたずさわる公務員となるためには、日本国籍を必要とするものと解すべきであり、他方において、それ以外の公務員となるためには日本国籍を必要としないものと解せられる。従って、お尋ねの場合も、日本国籍を必要とする旨の法の明文の定めがある官公職又は公権力の行使若しくは国家意思の形成への参画にたずさわる官公職にある者は、国籍の喪失によって公務員たる地位を失うが、それ以外の官公職にある者は、国籍の喪失によって直ちに公務員たる地位を失うことはないものと解せられる」

この内閣法制局の回答という行政解釈により「公権力の行使または国家意思の形成への参画にたずさわる公務員となるためには日本国籍を必要とする」が、法律に国籍要件の定めのない職種について日本国籍を有しない者を公務員として任用する際の「運用上の」基準とされることになった。「公権力の行使または国家意思の形成への参画にたずさわる公務員」という当時の内閣法制局が作り出した不文の「要件」が、法治主義の国家において、なぜその後もまかり通ったのか、不可解というほかない。

(2) 調停委員の推薦の運用に関して「当然の法理」が適用された経過

二〇〇三年の兵庫県弁護士会の採用拒否の後も、多くの単位会で、各裁判所から調停委員の推薦依頼を受け、調停委員規則、家事調停委員規則の資格要件を満たし、所属弁護士会から適任者として推薦された外国籍弁護士について「当然の法理」に基づき、家庭裁判所、簡易裁判所から、最高裁に任命上申しない旨の通告がなされ、外国籍調停委員の採用が拒否され続けた。

各単位会は、当然の対応として、それぞれの会内の推薦委員会の議を経て推薦された弁護士について各裁判所が最高裁に任命上申しない扱いに対し、その都度、裁判所に対して抗議の会長声明を出してきている。また日弁連も会長名で、最高裁判所に対して抗議の会長声明を出してきている（第1部第3章六八頁）。しかし、「当然の法理」による運用は一向に改められることはなかった。

この運用の誤りについて、国際的人権保障の視点から国連の人種差別撤廃委員会は、日本政府報告書の審査において、二〇〇四年と二〇一四年の総括所見で外国籍調停委員の採用を勧告し、二〇一八年の総括所見では「数世代にわたり日本に在留する韓国・朝鮮人に対し、地方参政権及び公権力行使または公の意思の形成への参画にもたずさわる国家公務員として勤務することを認めること」を勧告したが、改めることはなかった。

（3）「当然の法理」の誤りその一——法治主義に反する

民事調停委員規則、家事調停委員規則の資格要件について、明文で「日本国籍を有すること」との規定がないにもかかわらず、また、国籍を求める法改正がなされないにもかかわらず「明文にない要件」を「運用上」と称して新たな要件を付加することになった。そもそも、法治主義国家において、法の解釈は、文言解釈が前提で、特に「資格要件」については明確に特定されており、多様な解釈を受け入れる余地がない。

にもかかわらず、その資格要件について、あたかも法文の条項に「但し書き」のような資格要件が明記されているかのような運用がなされることは、法の定めた規範内容を法の手続きを経ることなく改変することになり、明らかに法治主義に反する。

特に、調停委員として役割を担当することは一つの職業に就くことであることから、憲法22条において職業選択の自由を保障している以上、法律の根拠なくして職業選択の自由を制約することは許されない。

これに関連して「外国籍者の保健婦の管理職就任」について、裁判で争われたケースがあり、最高裁大法廷二〇〇五（平成一七）年一月二六日判決では「地方公務員のうち、住民の権利義務を直接形成し、その範囲を確定するなどの公権力の行使にあたる行為を行い若しくは普通地方公共団体の重要な施策に関する決定を行い又はこれらに参画することを職務とするもの（公権力行使等地方公務員）は原則として日本の国籍を有する者が就任するものとみるべきであり、わが国以外の国家に帰属し、その国家との間でその国民としての権利義務を有する外国人が就任することは、本来我が国の法体系の想定するところではない」とした。

この判決に対しては泉裁判官と滝井裁判官の反対意見がある。

泉裁判官の反対意見は、「特別永住者は、出入国管理及び難民認定法2条の2第1項の「他の法律に特別の規定がある場合」に該当する者として、同法の在留資格を有することなく日本に永住することができ、日本における就労活動その他の活動について同法による制限を受けない。そして、地方公務員法等の他の法律も、特別永住者が地方公務員となることを制限してはいない」「特別永住者も、他の在留資格を持って在留する外国人住民も、変わるところがないといえるかも知れないが、当該地方公共団体との結び付きという点では、特別永住者の方がはるかに強いものを持っており、特別永住者が通常は生涯にわたり所属することとなる共同社会の中で自己実現の機会を求めたいとする意思は十分に尊重されるべく、特別永住者の権利を制限するについては、より厳格な合理性が要求される」「特別永住者である被上告人に対する本件管理職選考の受験拒否は、憲法が規定する法の下の平等及び職業選択の自由の原則に違反するものである」というものであった。

滝井裁判官の反対意見は、「外国籍を有する者が我が国の公務員に就任するについては、国民主権の原理から一定の制約があるほか、一定の職に就任するにつき日本国籍を有することを要件と定めることも、法律においてこれを許容し、かつ、合理的理由がある限り、認めるものである」「地方行政においては、国民による統治の根本への関わり方が国政とは異なることを考えれば、国民主権の見地からの当然の帰結として日本国籍を有するものでなければならないものとされるのは、地方行政機関については、その首長など地方公共団体における機関責任者に限られるのであって、その余の公務員の就任については、憲法上の制約はなく、立法によって制限しうるにしろ、立法を待つことなく性質上当然のこととして日本国籍を有する者に制限されると解すべき根拠はないものと考える」というものであった。

日弁連は最高裁判決を受けて会長談話を発表し（二〇〇五年一月二八日）、「本判決がいう「公権力行使等地方公務員」とはそれだけでは必ずしもその範囲を明確にすることができないだけでなく、都が一律に管理職への昇任の途を閉ざしたことを是認することは、在日外国人、特に特別永住者の法の下の平等、職業選択の自由を軽視するものであるといわざるを得ない」として、最高裁判決を批判した。

このように、最高裁判決は、泉裁判官、滝井裁判官の反対意見にあるように法律に何ら制限規定がないのに、「公権力行使等地方公務員」というあいまいな概念で国籍差別を容認するもので、法治主義に反することは明らかであり、地方公共団体との強い結び付きを有し、通常は生涯にわたり所属することとなる共同社会の中で自己実現の機会を求めたいという特別永住者の意思を無視するものであって、多文化共生の観点からも、その正当性は認められない。

（4）「当然の法理」の誤りその二——法の解釈拡大の誤り

仮に、「当然の法理」という運用が一般に認められるとしても、この表現は「公権力の行使または国家意思の形成への参画にたずさわる公務員」というもので、広範で抽象的であり、具体的職種の職務内容を検討し、公権力等を担当する職種にあたるか否かが検討されなければならない。

これを調停委員に当てはめて考えると以下のようになる。

調停委員の職務権限としては、①調停委員会の構成員として、その決議に参加すること、②調停調書の記載が確定判決と同一の効力を有すること、③調停委員会の呼び出し、命令、措置には過料に制裁があること、④調停委員会は事実の調査および必要と認める証拠調べを行う権限等を有していること、である（第2部第1章1節。七〇頁以下）。

しかし、②について、例えば「仲裁人」の下した仲裁判断には確定判決と同一の効力が認められているが、日本国籍は求められていない。また、調停調書の記載が当事者の合意に基づくものであることに注目すれば、調停調書の効力は確定判決と同一のものとしても、その内容の正当性を基礎づけるのは、まさに紛争当事者自身の合意による。

このように考えれば、民事調停委員、家事調停委員について、「公権力の行使または国家意思の形成への参画にたずさわる公務員」に該当するとの判断自体が誤っているというべきである。

(5)「当然の法理」の誤りその三――一方的に日本国籍を奪った

「当然の法理」が示された経緯に注目すると、「当然の法理」といいながら、法論理的な結論ではなく、極めて政治的な結論が先にあり、その結論を上塗りするために内閣法制局が照会に回答を提示したものと考えるのが妥当ではないか。

戦後日本において朝鮮半島の併合が解消され、朝鮮半島の独立運動の盛り上がりを戦々恐々と見守っていた日本政府は、連合国による占領を終結させる講和条約締結（一九五二年）と同時に、朝鮮半島出身者に対して併合を解消して朝鮮半島の独立を受け入れる中、日本国籍を一方的に否定した。

政府が内閣法制局に照会（一九五二年）した内容をもう一度確認すると「我が国の公務員が日本国籍を喪失した場合、その者は、公務員たる地位を失うか」とあり、日本国籍から突然朝鮮籍になった人びと――それまで日本国民で公務員として働いていた者――の地位について統一的な対応が迫られた結果、内閣法制局に照会する形をとったものであろう。

戦後、朝鮮半島に帰国せず、そのまま日本にとどまった人びとがいた。強制連行など歴史的経緯は様々でも、既に日本社会の一員として日本に生活の基盤があり、中には日本で生まれ育った人びともいる以上、その生活基盤をもとに戦後の再出発を考えるのは極めて自然な選択と言える。日本政府が朝鮮半島出身の人びとの国籍を一方的に奪ってしまったことが問題であり、日本社会に留まることを選択した者については、従来通り日本社会の一員として、日本国籍を維持するかどうかの選択権を与えるべきであったのに、一方的に日本国籍を奪ってしまった。今まで通り日本で生活をつづけながら、突然「外国籍」とされてしまったことになる。

弁護士会で、「外国籍の調停委員がそもそも存在しないのか」を調査した際に、過去に選任された方の中に中国（台湾）籍の方がいたことが明らかになった。その方は長期間民事調停委員に就任されて表彰されていた。二〇〇三年以降、前述の内閣法制局見解にいう「当然の法理」という運用をするようになったのは、それまで普通に外国籍の人も調停委員に任命されていたことと法解釈の一貫性を欠いたものとなっており、問題である。

(6)「当然の法理」の克服にむけて

国連の人種差別撤廃条約に基づく委員会の指摘を待つまでもなく、現在の人権理念に照らして、調停委員として適格だとして弁護士会が推薦した弁護士を「日本国籍でない」という理由で、調停委員就任拒否する運用は、明らかに調停委員規則に反し、法治主義に反している。

最高裁に法解釈の誤りを改めさせる方法として、国に対し訴訟を提起することも考えられる。

調停制度は、日常生活の中で、紛争を法的尺度に当てはめて調整し相互に譲歩し、折り合いをつけていく素晴らしい手続きである。その調停委員に適任者として推薦された者は、培った経験から、紛争当事者の気持ちを受け止めて解決を導くかじ取り役として信頼に値するという判断がなされている。多文化共生社会の中、国籍を問わず調停制度を利用している多数の市民がいる現状からすれば、国籍を問わず有能な者を調停委員として選任し、市民の信頼に答える調停制度を確立することこそが求められるのであり、それに対し国籍という法の定めなきもので運用される要も合理性も全くない。

このまま、誤った運用を放置するのではなく、国に対して声を上げていく必要がある。

2　諸外国との比較

宮本恵伸

(1) はじめに

外国籍の人はそもそも公務員になれないのだ、そんなのはあえりまえのことで議論するまでもないことだと、かつていわれたことがあった。今でも「当然の法理」を持ち出してそういうことを主張する人がいる。

公務員になれること、何かになれることを法律用語で「資格」と表現することがあるのだが、公務員になる資格(「公務就任権」という)が外国籍の人に認められないというのは本当に「あたりまえ」と片付けられるものなのだろうか。

本節では、日本以外の国、日本と同じように国民主権原理に立つ現代民主国家における外国籍者の公務就任権についての考え方や実情をいくつかご紹介し、その「あたりまえ」が正しいのか、検証したいと思う。

(2) ドイツ

日本国憲法の一つ前、明治憲法（大日本帝国憲法）は一八八九（明治二二）年に制定された。その際、当時のドイツであるプロイセンの憲法の影響を強く受けたといわれている。そのドイツでは、現在、外国籍者の公務就任権についてどう考えられているのだろうか。

ドイツでは、憲法の国民主権原理は外国籍者の公務就任権を一般に禁じるものではなく、国家機関の監督者がドイツ人であることを要求するに過ぎないと考えられている。したがって、憲法上、公務就任権に関する国籍要件を導くことはできず、制約するには法律上の根拠が必要となる。そして、かつては、連邦官吏法という法律により官吏への外国人の任用が原則として禁じられていたが、ＥＵ（欧州連合）創設後、同法が改正され、ドイツ人でないＥＵ市民も原則として官吏に任用されうるとされた。フランス人も、イタリア人も、ドイツにとっては外国籍者だがドイツの公務員に原則としてなれるのだ。

(3) フランス

ドイツのお隣、フランスに目を向けてみよう。

フランスでは、憲法上、公務就任の基本条件を規律する権限は立法者に与えられている。憲法院（フランス憲法によって創設された違憲立法審査機関）は、法律により外国人の公務就任を認めることが合憲であると判断している。当然のことであるが、国籍要件は法令上、明文で定められている。実際の法律の定めであるが、「主権の行使と切り離すことができない、または国もしくはその他の公共団体における公権力の行使への直接ないしは間接的参加を含む」職でなければ、EU市民は公務員に就任できるとされている。現状では、警察・司法・中央行政・外交などの分野への登用は国民に限られているが、それ以外の公務員についてフランス人でなくともEU市民であればなれるのだ。

(4) イギリス

ドイツ、フランスと来て次はイギリスを見てみる。

イギリスは、従前よりイギリス連邦市民(イギリス連邦をコモンウェルスともいう。インド、オーストラリアなどの国が含まれる)とアイルランド国民に公務員への門戸を広く開いている。

イギリスがEUに加盟した後、EU市民にも一定の法律で規定する職種を除いては公務就任権が認められており、およそ九五%の公務員職は国籍要件がない。

(5) スウェーデン

同じヨーロッパの諸国の中でも日本からはなじみがうすいかもしれないが、スウェーデンの例を是非とも紹介したい。スウェーデン憲法（いくつかの基本法で構成されており、人権保障・統治機構に関し「統治法」という名称の基本法がある）の条文に、司法にかかわる者の公務就任権が明確に規定されているからだ。

スウェーデン憲法（統治法）の「第11章司法」「国籍要件」「第11条」には、以下の通り規定されている。

「正規の裁判官は、スウェーデン市民でなければならない。その他、司法の任務を遂行する権限のためのスウェーデン国籍の要求については、法律により、又は法律に定める条件に従ってのみ定められる。」

「正規の裁判官」でなければ、司法の任務を行う際にスウェーデン国籍を要求されず、何らかの制約を行うには法律上の根拠が必要であると憲法の条文に明記されているのだ。

なお、「正規の裁判官」との表現について少し説明を加える。スウェーデンでは伝統的に正規のポストに就かせず任用候補者を長期間にわたって競争させるシステムがとられており、裁判官も憲法上の身分保障を有する「正規の裁判官」に任命されるのは平均して四〇歳を超えてからとのことである。日本でも職務経験が一〇年を経るかで判事と判事補の区別があるが、どちらも憲法上の「裁判官」にあたり、同等の身分保障、職務独立性の尊重が認められている。

少し余談を挟んだが、日本のように憲法にも法律にも何も書かれていないのに「あたりまえ」のこととして外国籍者の公務就任権を否定する考え方と、スウェーデン憲法での定め方は全く対極に位置すると思う。どちらが民主国家のあり方としてふさわしいか、明らかだろう。

(6) アメリカ

ヨーロッパ大陸を離れ、アメリカを見てみる。

アメリカは連邦制をとっており、州と連邦に分けて考える必要がある。

州の公務員につき外国人を排除する州法に関し、連邦最高裁判所は平等保護条項違反と判断したが、「政治的機能」の例外の場合には国籍要件が認められている。具体的には警察官や保護観察官などには国籍要件が認められている。

連邦の公務員については、一九七六年の行政命令により、競争試験による公務員は原則として外国人は排除されるが、一定の場合（適任者がいない場合、上級行政職の場合など）に外国人の採用が認められている。

(7) ニュージーランド

国別の紹介の最後に、広く外国籍者に公務就任権を認めている国としてニュージーランドを取り上げる。

国籍要件が課されている公職は、国会議員と公安職員だけである。過去には事務次官に外国籍の者を任用した実例もある。地方公務員にも国籍要件はない。

（8）従前から居住する者への配慮

諸外国における外国籍者の公務就任権の実例を見てきたが、実は、前提条件が日本と他の諸国で大きく異なっている。それを抜きにしては検討することができない。

過去行われていた諸国家による植民地が、民族自決尊重の流れから非植民地化されることが歴史上の実例として多く発生した。また、戦争など武力紛争により、あるいは国家間の合意により、国境が変更されることもあった。国家領域を画する国境は人為的に引かれるものであるから、植民地が非植民地化されたり、国境が変更されたりすることにより、ある土地の帰属がA国からB国に変更されたとしても、その土地に住んでいる人が自動的に移動したり、入れ替わるわけではない。土地が帰属する国家が変更したとして、同じところに住み続ける人を法的にどう取り扱うのかという問題が起きる。

これまであげた国での例を挙げる。ドイツでは、第二次世界大戦時にドイツに併合されていたオーストリア人がオーストリア独立後もドイツに住み続けた場合は、事実上の国籍選択権を認められた。フランスでは、フランス旧植民地出身者がフランス本国に住み続ける場合、一般にフランス国籍の保持が認められた。イギリスでは、旧植民地出身者は既に述べたようにイギリス連邦市民としての権利（かなり手厚い）が認められている。このように、同じところに住み続ける人に対して、土地の所属する国家が変更することによってむやみに不利益を与えないよう、国籍選択の権利を与えたり、一定の法的地位を認めたりするなどの配慮が、国際実例上広く行われている。

日本ではどうだったか。日本では、第二次世界大戦終結後も旧植民地出身者（朝鮮人、台湾人）はそのまま日本国籍を保有していた。しかし、サンフランシスコ平和条約（日本と旧連合国各国間の平和条約）が一九五二年に発効したのに伴い、法務府民事局長名の通達（法務府民事甲第438号「平和条約に伴う朝鮮人、台湾人等に関する国籍及び戸籍事務の処理について〔通達〕」）により、当然にそれらの者の日本国籍が喪失したものとされた。通達の文言は以下の通りである。

「朝鮮及び台湾は、条約の発効の日から日本国の領土から分離することゝなるので、これに伴い、朝鮮人及び台湾人は、内地に在住している者を含めてすべて日本の国籍を喪失する」

この通達は、行政機関（民事局長）から他の行政機関（法務局長、地方法務局長）宛てになされたものに過ぎず、国会が制定した法律でも何でもない。しかし、それにより国籍喪失というその人にとって極めて重大な法的効果が生じたものとされたのである。このように単純に国籍を喪失させた措置は世界的に見ても異例であった。

日本において、他の国際実例と同様に国籍選択の権利や一定の法的地位を認めるなどの配慮が十分になされていれば、日本の外国籍者の相当な割合を占めるいわゆるオールドカマー（植民地支配に直接的、間接的に歴史的なルーツをもつ人たち）について、公務就任権に関する実際上の問題は生じなかったのではないかと思われる。

本節では、他の国の実例を紹介して外国籍者の公務就任権制約が「あたりまえ」でないことを説明しているが、他の国と日本では前提条件が大きく異なることを分かってまた読み直してもらえたらと思う。

（9）軍隊・軍人

諸外国における公務就任権の考え方や実情を紹介する最後に、究極の公務員ともいえる軍人に外国籍者がなれるのか、諸外国の状況をまとめて紹介する。

多くのＥＵ諸国（ベルギー、デンマーク、アイルランドなど）はＥＵ市民の軍隊への登用を認めている。

イギリス軍は、イギリス連邦市民の登用を認めている。かつてはイギリスでの一定期間の居住を要件として定めていたが、入隊者を増やすためだろうか、居住要件は現在撤廃されている。たとえば、インドで生まれ育った人が突然イギリスに渡ってイギリス軍に入隊することもできる（もちろん入隊試験はあるだろうが）。

アメリカ軍は外国籍者であっても永住者であれば登用を認めている。

皆さんは、フランスの外人部隊をご存じだろうか。一八三一年の創設以来、二〇〇年近くの長きにわたり存続している。在日フランス大使館のホームページには募集要項とともに「日本人を含む数多くの外国人を受け入れています」との日本語の案内もある。前述の通りフランスの法律上「公権力の行使への直接ないしは間接的参加」する職にはフランス人しかなれないとなっているが、どう見ても公権力行使への直接的参加といわざるをえない軍隊にも長年にわたり多くの外国人を受け入れているという実態がある。

近時、民間軍事会社（ＰＭＳＣ：private military and security company）と呼ばれる国家・軍隊と契約して軍事的サービスを提供する企業の存在が大きくなり、戦時国際法（交戦法規）をどう適用していくのかが課題となっている。これらの会社において、実際に従事する者に依頼元の国家の国籍を持っていることが必要とはされていないと思われる。

実際上の必要からやむをえず外国籍者も軍人になれるようにしているのであって、外国籍者の公務就任権を考える際の参考にはならないと考える人もいるかもしれない。しかし、必要があれば「あたりまえ」の例外を作れる、というのであれば、そもそも「あたりまえ」と言っていること自体がおかしいのではないだろうか。

⑽　まとめ

できるだけ多くの実例をあげ、「あたりまえ」が正しいのか検証したつもりである。

外国籍者の公務就任権が日本以外の国民主権原理に立つ現代民主国家において広く許容されていること、公務就任権を制約することは「あたりまえ」でないこと、制約するにはきちんとした理由と法律の明文上の根拠が必要であることについて、分かっていただけたのではないかと思う。

【参照文献】
近藤敦、2019『多文化共生と人権――諸外国の「移民」と日本の「外国人」』明石書店
国立国会図書館調査及び立法考査局、2021『各国憲法集（11）スウェーデン憲法【第2版】』国立国会図書館
萩原金美、1980「スウェーデンにおける執行官（kronofogde）制度について」『手続法の理論と実践――吉川大二郎博士追悼論集　上巻』p.38、法律文化社

3　司法参画

韓雅之

（1）はじめに

本稿では、司法分野における役職に外国籍者が就任できるかについて、まず、本書の焦点である調停委員（民事調停委員、家事調停委員）、司法委員、参与員について検討し、次いで、これら以外の司法に関連する役職について検討する。

（2）調停委員、司法委員、参与員（この部分の記述は第2部第1章と重なる部分がある）

①調停委員

■調停委員とは

民事調停委員は、民事に関する紛争につき簡易裁判所又は地方裁判所の民事調停事件について、調停委員会で行う調停に関与するほか、裁判所の命を受けて、他の調停事件について、専門的な知識経験に基づく意見を述べ、嘱託に係る紛争の解決に関する事件の関係人の意見の聴取を行い、その他調停事件を処理するために必要な最高裁判所の定める事務を行う者をいう（民事調停法8条1項）。

家事調停委員は、家庭裁判所の家事事件について、調停委員会で行う調停に関与するほか、裁判所の命を受けて、他の調停事件について専門的な知識経験に基づく意見を述べ、嘱託に係る紛争の解決に関する事件の関係人の意見の聴取を行い、その他調停事件を処理するために必要な事務を行う（家事事件手続法262条〜264条）。

■日本国籍を必要とする法律上の根拠は？

民事調停法及び家事事件手続法において、民事調停委員若しくは家事調停委員の選任について日本国籍を要求する規定は、存在しない（民事調停法8条2項、家事事件手続法249条1項参照）。右記の各法律の委任により最高裁判所が定める「民事調停委員及び家事調停委員規則」においても、民事調停委員若しくは家事調停委員について日本国籍を要求する規定は存在しない。*1

■調停委員の仕事は、公権力の行使？

ア　調停制度の目的は、市民間の民事紛争・家事紛争につき、当事者の話し合いと合意に基づいて裁判手続によらず、当事者の互譲によって、条理にかない実情に即した解決を果たすことにある。

その中での調停委員の役割は、社会生活上の豊富な知識経験や専門的な知識をもとに、当事者双方の話し合いの中での合意を斡旋して紛争の解決に当たるというものであり、当該地域の社会制度や文化に精通し高い人格識見のある者であれば、日本国籍の有無に関わらずその役割を果たし得ることは明らかである。

イ　調停委員の権限の観点から見ても、職務の性質上当事者の権利を制約することは想定されていないし、調停委員会の決議（意思決定）も当事者の合意を前提にあるいは当事者の中立ての趣旨に反しない限度においてなされるもので、調停制度による紛争解決を実効性の高いものとするためのものである。したがって、それによって具体的な「公権力の行使」や「国家意思形成への参画」に該当するものではない。

ウ　最高裁判所事務総局人事局任用課は、「当然の法理」を前提に、調停委員に日本国籍を要求する実質的な理由として、「ⅰ調停委員は裁判官と共に調停委員を構成して調停成立に向けて活動を行い、調停委員会の決議はその過半数の意見によるとされていること、ⅱ調停調書の記載が確定判決と同一の効力を有すること、ⅲ調停委員会の呼出、命令、措置には過料の制裁があること、ⅳ調停委員会は、事実調査及び必要と認める証拠調べを行う権限等を有していること」等を指摘する。

しかしながら、右記ⅰについては、調停委員は説得調整活動を職務とするものであって、職務の性質、実態、職務遂行のために付与された権限の性質、内容等に照らして、調停委員が国家意思の形成に参画するものではなく、公権的判断を行うものとは認められない。

調停に代わる決定（民事調停法17条）も、「裁判所は、調停委員会の調停が成立する見込みがない場合において相当であると認めるときは、当該調停委員会を組織する民事調停委員の意見を聴き、当事者双方のために衡平に考慮し、一切の事情を見て、職権で当事者双方の申立ての趣旨に反しない限度で、事件の解決のために必要な決定をすることができる」と規定されており、決定をするのは裁判所であって、調停委員ないし調停委員会ではない（調停に代わる審判について定めた家事事件手続法284条も同様に、審判の主体を「家庭裁判所」と定めている）。実務上も、調停に代わる決定や審判は、当事者による合意形成に資する範囲で謙抑的に運用されていることは周知の事実である。

右記iiについては、調停調書の記載は既判力を有していない（最判昭和三一年三月三〇日民集一〇巻三号二四二頁、基本法コンメンタール第三版「民事訴訟法2」第2編三二〇頁）。調停委員は当事者間の合意成立に向けて関与するものの、調書自体の効力は当事者の合意に由来する。

右記iiiについては、過料の制裁は、調停委員ないし調停委員会ではなく裁判所が決定する（民事調停法34条、家事事件手続法258条1項、同法51条3項）。その執行も、裁判官又は家事審判官の命令によるとされていることから、過料の制裁は調停委員会の権限に含まれない。近畿弁護士会連合会により実施されたアンケート調査によれば、過去に不出頭に対する過料の制裁が発動された例もない。

右記ivについては、事実の調査は強制力を有しておらず、証拠調べに関し「民事訴訟の例による」とされているだけで強制力を伴う民事訴訟法規が「適用される」ものではなく、強制的に権限行使が認められているわけではないので、対象者の意思を制圧することはない。

■過去に外国籍者が調停委員に就任した実例も

過去において外国籍の弁護士が調停委員に就任し、その職責を立派に果たしていた実例がある。一九七四（昭和四九）年から一九八八（昭和六三）年まで、日本国籍を有しない張有忠弁護士（大阪弁護士会所属）が外国籍のままで民事調停委員に任命され、一四年余りにわたり何らの支障なく調停委員として職務を行っており、一九八二（昭和五七）年にはその功績に対して大阪地方裁判所長より表彰を受けている。

このことは、日本国籍を有しない者が調停委員の職務を行うことに何ら不都合ないし問題はなく、前記最高裁判所事務総局の回答が具体的事実に反し不合理であることを示すものであるといえる。

特に家事調停で扱われる紛争が国際化・多様化している今日、外国籍者も含めた多様な人材が調停委員に採用されることは、その健全な良識と感覚を司法に反映させることにより紛争解決を容易にするものであり、多民族・多文化共生社会の形成の観点からも必要と思われる。

②司法委員

■司法委員とは

司法委員は、簡易裁判所の訴訟事件について、和解について裁判官を補助したり、事件について審理に立ち合い、裁判官に意見を述べたりする仕事である（民事訴訟法279条1項、なお民事訴訟規則172条）。裁判所のホームページでは、司法委員について、「和解を補助する場合には、その社会経験を生かして、どのような内容の和解をすれば争いが抜本的に解決するかなどについて裁判官に助言したり、裁判官と共に当事者への説明や当事者の説得に当たったりします。また、審理に立ち会う場合には、一般市民の良識や知識、経験に基づき、証人の証言が信用できるかどうか、事件の見方などについて、裁判官に意見を述べることになります。この意見は、あくまで参考意見なので、最終的には裁判官が判断することになります」と説明され、司法委員の役割は、裁判官への助言や参考意見にとどまることが明らかにされている。

司法委員制度は、簡易裁判所で扱う事件が市民生活に密着した少額請求に関するものであることなどから、一般市民の意見を反映させて適切で合理的な解決を期待したものであるといえる。

■日本国籍を必要とする法律上の根拠は？

民事訴訟法において、司法委員の選任について日本国籍を要求する規定は、存在しない（民事訴訟法279条参照）。

上記法律の委任により最高裁判所が定める「司法委員規則」においても、司法委員について日本国籍を要求する規定は存在しない。*2

③参与員

■参与員とは

参与員とは、家庭裁判所の家事審判又は人事訴訟事件について、審理又は和解の試みに立ち会い、意見を述べる仕事である（家事事件手続法４０条、人事訴訟法９条）。裁判所のホームページには、「参与員は、家庭裁判所で行われる、名の変更、戸籍訂正、未成年者の養子縁組などの家事審判事件の手続の際に、審判に立ち会ったり、あらかじめ提出された書類を閲読したりして、裁判官が判断をするのに参考となる意見を述べます（家事事件手続法４０条１項）。また、離婚訴訟などの人事訴訟事件の証拠調べや和解の試みなどに立ち会い、率直な意見を裁判官に述べるなどして、紛争を解決に導きます（人事訴訟法９条１項）」と紹介されている。

■日本国籍を必要とする法律上の根拠は？

家事事件手続法や人事訴訟法において、参与員の選任について日本国籍を要求する規定は、存在しない（家事事件手続法４０条、人事訴訟法９条参照）。

上記法律の委任により最高裁判所が定める「参与員規則」においても、司法委員について日本国籍を要求する規定は存在しない。＊3

■参与員の仕事は、公権力の行使？

家事審判及び人事訴訟における判断権者は当然に裁判官であり、参与員は裁判官の判断の参考となる意見を述べるにすぎない。

家事審判においては、裁判所が相当と認める場合には裁判所は参与員の意見を聴かないで審判をすることができるし、人事訴訟において裁判所が参与員の意見を聴くのは、裁判所が必要があると認めるときに限られる。

裁判所のホームページにおいては、「選任されるための特別な資格などは必要ではなく、人望があって、社会人としての健全な良識のある人から選ばれています。例えば、弁護士、公認会計士、不動産鑑定士などの専門的な資格のある人や大学教授のほか、地域社会に密着していろいろな活動をしてきた人など、豊富な社会経験のある人たちが事件の性質に応じて選任されています」と説明されており、参与員の仕事と、日本国籍の有無とは無関係である。

参与員に求められている役割に鑑みれば、むしろ多様なバックグラウンドを有する者に裁判所の判断の参考となる意見を述べる機会を与えることが、手続を利用する当事者の納得度を高め、ひいては裁判所に対する信頼を高めることに繋がる。日本国籍以外の国籍を有するということも、多様なバックグラウンドの一つと考えられる。日本国籍を有しない者も、積極的に参与員に選任されることが望まれる。

(3) その他司法に関連する役職

①はじめに

調停委員、司法委員、参与員に比べて、公権力を行使する側面が強い裁判官、検察官、民事調停官・家事調停官についても、明文上の根拠がなく、「当然の法理」によって外国籍者の就任が排除されている。

他方、弁護士、弁護士になるために必要な司法修習生、仲裁人、弁護士会役員についてはすでに外国籍者が就任した事例があることは周知の事実である。

また、破産管財人、不在者財産管理人、相続財産管理人に外国籍者が就任した事例があることが確認されている。

さらに、司法分野と関連する役職として、刑事施設視察委員（刑事収容施設及び被収容者等の処遇に関する法律7条、8条）、精神医療審査会委員（精神保健及び精神障害者福祉に関する法律12条、13条）に外国籍者が就任した事例があることも確認されている。

これらの地位・役職には、「当然の法理」における「公権力の行使」と評価されるべき権限を有しているものもある。また、これらの地位・役職において、外国籍者であるがゆえの職務執行上の支障が生じているという情報にも接していない。

これらの地位・役職にすでに外国籍者が就任し、活動の実績が積まれていることも、外国籍者の司法参画を検討する上で十分に検討されるべきである。

以下では、右記のうち、司法修習生、仲裁人、弁護士会役員についてとりあげる。

②司法修習生

■司法修習生とは

司法修習生とは、司法試験に合格し最高裁判所から命ぜられて、司法研修所、各地の裁判所・検察庁・弁護士会で法律実務を修習する者をいう（裁判所法66条～68条）。

裁判官は「判事補は、司法修習生の修習を終えた者の中からこれを任命する」（同法43条）、検察官は「二級の検察官の任命及び叙級は、左の資格の一を有する者に就いてこれを行う。一　司法修習生の修習を終えた者」（検察庁法18条1項1号）、弁護士は「司法修習生の修習を終えた者は、弁護士となる資格を有する」（弁護士法4条）と、それぞれ規定されており、いわゆる法曹三者になるためには、司法修習生の修習を終えなければならない（ただし、司法修習生を経ずに法曹三者になる若干の例外がある)。

よって、司法修習生となる際に国籍要件が要求されると、法曹三者になろうとする者全体に影響することとなる。

■司法修習生に関する国籍要件の現状

司法修習生の任用に関しては、唯一、裁判所法66条1項に「司法修習生は、司法試験に合格した者の中から、最高裁判所がこれを命ずる」と規定されているが、国籍要件の明文上の定めはない。また、最高裁判所が毎年公示する「司法修習生採用選考要項」の「選考を受けることができない者(欠格事由)」の項にも、国籍に関する記述はない。

■司法修習生に関する国籍要件の歴史的経緯

ア　国籍要件に関する取扱いの変遷

司法修習生について、現在は国籍要件はないが、これは多くの当事者・支援者の努力により得られた歴史的成果であり、決して自明のものではない。

イ　日本国籍がなければ司法修習生に任命されなかった時代(～一九七六(昭和五一)年)。

現行の司法修習制度は一九四七（昭和二二）年に開始されたが、司法修習生採用選考公告（現在の「要項」）には司法修習生の国籍に関する規定は存在しなかった。

一九五五（昭和三〇）年、（把握されているところでは初めて）外国籍のまま司法修習生に採用する旨の申込みをした者がいたが、最高裁に拒否された。

それを受けてと考えられるが、一九五七（昭和三二）年の選考公告から欠格事由として「日本国籍を有しない者」との記載がなされた。

その後、外国籍で司法試験に合格した者は、合格した秋に帰化の申請をし、翌年春の司法修習開始時期までに日本国籍を取得して司法修習を開始するという形をとっていた。

そのような中、一九七一（昭和四六）年、台湾国籍の楊錫明氏（現・吉井正明弁護士）が司法試験に合格し、帰化の手続をとるとともに司法修習生の採用申込みをしたが、同年一二月、台湾国籍法によると四五歳になるまで国籍離脱の許可が得られなかった（よって日本国籍も取得できない）ことが判明した。その後、同氏は最高裁に幾度も出頭し、請願も行ったが、一九七二（昭和四七）年三月、最高裁は同氏に対して不採用との連絡をした。この際の最高裁からの書面には、不採用の理由について触れるところがない。なお、一九七二（昭和四七）年秋、日中国交回復により台湾が帰化を認めることとなり、同氏は日本国籍取得の上、一年遅れではあるが司法修習生に採用されることができた。

ウ　外国籍のまま司法修習生には採用されるが、誓約書・保証書の提出等日本国籍の者と別の条件が要求された時代（一九七七〔昭和五二〕年〜一九九〇〔平成二〕年）。

楊氏の採用経過を取り上げた新聞記事により、司法修習生の国籍要件の存在を知った大韓民国の国籍を有する金敬得氏は、一九七六（昭和五一）年秋、司法試験に合格した際、司法修習生採用選考の申込みを行うとともに、自ら大韓民国籍のまま司法修習生に採用されたいと請願を行った。自由人権協会等が支援活動をし、報道により社会的関心が高まったこともあり、翌一九七七（昭和五二）年三月、同氏の採用が決定された。

一九七八（昭和五三）年の採用選考公告において、国籍要件に基づく欠格事由は「日本国籍をしない者（最高裁判所が相当と認めた者を除く）」と規定され、括弧書きが付加された。

このように、外国籍のまま司法修習生となる道が開かれたが、採用手続においては日本国籍の者と一般的に異なる取扱いがなされた。すなわち、司法修習生採用申請者全員を対象とする面接がなされた後、外国籍の者のみ、再度、親と日本人の法律・法曹関係者を同行のうえ面接を求められ、申請者本人には誓約書（「私は、司法修習生採用を申請している者ですが、司法修習生に採用された場合は、憲法と法律を遵守して、修習生活を送ることを誓います」との内容）に、親と日本人の法律・法曹関係者には、保証書（「右の者が、憲法と法律を遵守することを監督・指導します」との内容）に、署名することが求められた。そして、採用通知も日本国籍の者よりも数週間遅れてなされた。

かかる取扱いについて不合理であるとの認識が広くなされるようになり、一九九〇（平成二）年四月、第四四期司法修習生（同年春採用）の約七割もの人数が参加する有志が、最高裁に対しかかる取扱いを止めるよう求める要望書を提出し、また第四四期司法修習生の中の外国籍司法修習生が、日弁連に対し、人権救済申立てをするなどの運動が行われるようになった。

エ　誓約書・保証書の提出等が要求されなくなった時代（一九九一〔平成三〕年〜二〇〇八〔平成二〇〕年）。

上記運動の成果と思われるが、最高裁は、一九九一（平成三）年（第四五期司法修習生）から、外国籍司法修習生についての前記取扱いを止めた。実際の運用としても、日本国籍者と外国籍者との間で何らかの差別的取扱いがなされたことは確認されていない。

しかし、募集要項（「最高裁判所が相当と認めた者」）の文言を素直に読む限り最高裁の一方的な裁量が許されている。この「相当性」の判断について、岡崎勝彦島根大学教授が最高裁判所の担当部局から「聞き取り」を行ったところによれば、「相当性の適用に当たっては、ケースごとにその都度その者の法的地位の安定性、居住の継続性、我が国とその者の国籍のある国との条約等を考慮し、慎重に運用されている」とのことである（岡崎勝彦『司法制度改革と外国人』、前掲一〇六頁）。しかし、あくまでケースごとの判断であるとされており、決して明確ではない。

日弁連は、一九九四（平成六）年三月、前記人権救済申立ての調査を遂げ、最高裁判所に対して、司法修習生採用選考要項の国籍条項を削除すること、及び国籍による差別的取扱いを行わない旨を求める要望書を発した。

オ　国籍要件が撤廃された時代（二〇〇九〔平成二一〕年〜）。

二〇〇九（平成二一）年一一月開始の修習から、最高裁は司法修習生採用選考要項の欠格事由の項から国籍に関する記載を削除した。これにより、司法修習生の採用に関して、形式的にも国籍要件は撤廃された。

■国籍要件の問題点

従前、最高裁は、国籍要件を設けた理由について、司法修習制度が国費による養成制度であること、実質的に公務員と変わらない面を非常に多く有していることなどを挙げていた（国会における最高裁長官代理人答弁、日弁連に対する人事局長の説明）。

これら個別の理由に反論するまでもなく、金敬得氏をはじめ外国籍のままで多数の司法修習生が既に採用され、それらの者の待遇や修習内容も日本国籍者と同じであったことを考えれば、上記説明はそもそも破綻しており、国籍要件を設ける実質的根拠がないことは明らかであった。

■結語

最高裁は、当初、法令上の根拠なく、また選考公告（現在の選考要項）になんらの記載もしないまま、司法修習生について日本国籍が当然に必要であるとの立場をとっていた。

しかし、数十年を経て、外国籍であるが故に不採用ということは事実上なくなり、二〇〇九（平成二一）年になってようやく形式的にも国籍要件を撤廃した。

この歴史的事実は、他の司法関連の職種についても「当然の法理」による外国籍者の排除が本当に正当なのか、真摯に検討すべきであることを示している。

（4）仲裁人

①仲裁手続とは

仲裁は、民事紛争解決のための手続の一つであり、当事者が一定の生活関係から生ずる紛争を解決するため、双方の合意（仲裁合意）により選定される仲裁人（いわば私設の裁判官として選定）の判定（仲裁判断）に服することを約し、これに基づいて仲裁人が行う手続である。

国内の仲裁機関としては、労働委員会（労働関係調整法－厚生労働省）、建築工事紛争審査会（建設業法－国土交通省）のほか、消費者契約法、公害紛争処理法等により行政機関が行う仲裁や、日弁連仲裁センターによる各種仲裁、日本知財仲裁センター、日本商事仲裁協会による仲裁などが広く知られている。

仲裁と調停の共通性として、当事者の合意による解決であること、訴訟に比べ手続が簡易迅速かつ低廉といえること、仲裁判断にも上訴の制度がなく、確定判決と同一の効力があること、などの点が挙げられる。

仲裁人についても以下に述べるとおり、外国籍者を選任した仲裁が行われている。

②仲裁人の資格――国籍要件はあるか

仲裁人は、「当事者が合意により定めるところによる」とされ（仲裁法17条1項）、日本国籍を有する必要はない。

むしろ仲裁法17条6項は、仲裁人を選任するに当たり当事者双方の国籍と異なる国籍を有する者を選任することが適当かどうかを、裁判所が配慮しなければならないと定めており、当事者の国籍が異なる場合に中立の国籍者を仲裁人として選任することが相当かどうか、裁判所の考慮を求めている。つまり仲裁法は、日本国籍のない者が仲裁人となる場合を当然に予定しているといえる。国際商事紛争では、例えば日本企業と米国企業との仲裁において仲裁廷が三人で構成される場合、日本人、米国人及び当事者の国籍とは異なるドイツ人を仲裁人に選任するというケースが考えられ、このような構成によって、訴訟では困難な「中立性」が確保される。

また、当事者が双方日本国籍であっても、両者が合意する限り、外国籍の者を排除する根拠はどこにもない。

現に、神戸家裁から調停委員の選任を拒否された韓国籍弁護士が、日本商事仲裁協会の仲裁人に選任されている。また、仙台家裁から調停委員の選任を拒否された韓国籍弁護士が、日本知的財産仲裁センターの仲裁人に選任されている。

③仲裁判断の効力

仲裁判断は、確定判決と同一の効力を有する。これは、仲裁地が日本国内にあるかどうかを問わない（仲裁法45条1項）。

つまり、外国における仲裁判断（外国国籍の者が仲裁人であることは多々ある）にも、確定判決と同一の効力が認められている。

ただし、当該仲裁判断に基づく民事執行には、日本の裁判所による執行決定が必要となるが（同法45条1項但書）、日本の裁判所が仲裁判断に関して執行を拒否できるのは、その判断の内容が日本における公の秩序又は善良の風俗に反する（同法45条2項9号）等、実質的にはきわめて限られた場合である。執行を要する場合であっても、日本の裁判所の判断は、仲裁法45条2項各号が定める限定的事由が立証されているかどうかという点のみであり、実体判断について覆すことはできない。

執行を要さない仲裁判断の場合については（権利義務の確認、請求側の敗訴等）、同法45条2項の例外事由があることが立証されない限り当然に日本国内で効力を有し、当該紛争について当事者間の権利義務関係を確定する。

④仲裁人の権限

仲裁人は、選任について当事者の合意によるが、その判断については裁判所による裁判と同様、事実認定と法律の解釈適用に基づいて行い、当事者の意思から独立してなされる。

仲裁判断のために、仲裁廷は、証拠の取調べ・調査嘱託・証人尋問・鑑定等、強制力を伴う証拠調べ手続について、その必要が生じれば裁判所に対して実施を求める申立てができる（仲裁法35条1項）。

また仲裁人は、一方当事者が口頭審理期日に出頭せず、又は証拠書類を提出しないときは、その時までに収集された証拠に基づき仲裁判断をすることができ（同法33条3項）、仲裁判断に先立ち、必要な暫定措置又は保全措置を命じることもできる（同法24条）。

⑤仲裁制度からみて、調停委員に国籍を要するか

仲裁と調停は、いずれも日本における裁判外紛争解決の代表的手続であり、当事者の合意を基礎におく手続であること、仲裁判断も調停調書も確定判決と同一の効力を有していることにおいて共通性がある。

ただし、仲裁手続では仲裁人の選任について当事者の合意が必要とされるものの、仲裁判断の内容についての当事者の合意は不要である。仲裁人は、当事者の権利義務をその判断によって確定するという強い権限を有している。

一方、調停では当事者に調停委員の選任の余地はなく、相手方の不出頭に対しても一応科料の制裁が定められている。しかし仲裁と異なり、当事者の合意がない限り調停は成立しない。調停委員が当事者の意思にかかわらず権利義務を確定する決定を行うことはできない。

以上のとおり、仲裁制度と比較してみても、限定的な権限にとどまる調停委員の選任に日本国籍を必要とする合理的理由は、全く見当たらない。

（5）弁護士会役員

①弁護士会役員の資格要件

日本弁護士連合会の会長、副会長の資格要件として日本国籍は必要とされていない。したがって、これら日本弁護士連合会の役員について外国籍弁護士は排除されていない。

また、日本全国の単位会の役員について、会長、副会長の被選挙権に日本国籍は要件とはされていないから、外国籍弁護士はこれら役員から排除されていない。

②みなし公務員としての弁護士会役員

弁護士法35条第3項に基づき弁護士会の会長及び副会長は、法令によって公務に従事する職員となる。日弁連の会長、副会長も同様である（同法第50条）。

この点についての日弁連の解釈は以下のとおりである。

「弁護士会の会長及び副会長は、法務行政の一部を担うものであるから、これに鑑み『法令によって公務に従事する職員』であることを明らかにしている。これは、刑法の適用上、公務員であるとしたものであるから、……公務執行妨害罪、公文書偽造罪、収賄罪などが適用される」

「会長・副会長の職務を行う場所は『公務所』となるので、そこで用いられている文書を毀棄すれば公用文書等毀棄罪となるものである」

「しかし、ここにいう「公務員」とは、あくまで刑事法上の関係における特別な取扱いを規定するにとどまるものであるから、これを他に推し広げることはできない。

例えば、国家公務員法の諸規定は、会長・副会長に対しては関係なく、公職選挙法89条1項の公務員の立候補制限の規定も会長・副会長に適用されるものではない」

以上の解釈から、弁護士会役員には日本国籍を有しない者が就任し、会長・副会長の権限を行使しても、何の問題もないと理解されている。

現に、兵庫県弁護士会の白承豪弁護士は、平成一五年度同会副会長に就任し、また平成二九年度同会会長に就任している。さらに平成三一年四月に日本弁護士連合会副会長に就任している。また、平成一三年度第二東京弁護士会、平成一九年度愛知県弁護士会、平成二三年度大阪弁護士会の役員の中に、外国籍弁護士が就任している。

これら外国籍弁護士の弁護士会長、副会長就任について、これまで異論が出たことはなく、裁判所もこれを受け入れている。

③弁護士会役員の業務の「公権力の行使」的側面

日弁連の会長・副会長、全国の弁護士会の会長・副会長は、日本弁護士連合会ないし弁護士会を代表する機関として、会員に対する指導・連絡・監督という弁護士会の公権力的作用に関し、判断を行い、その行使に当たる（弁護士法５０条、３５条）。

弁護士会の会長は弁護士会の代表として会員に対する懲戒を執行する権限を有する（同法５６条、３５条）。会長、副会長は、会員の非行について、自ら調査し、必要な証拠調べを行い、又は、特別委託委員若しくは委員会などに調査を委嘱する。

このほか会長職として、保護司の選考、簡易裁判所の裁判官の選考委員になることがある。

日本弁護士連合会の会長は弁護士会のした懲戒処分の審査請求についての日弁連の懲戒委員会の決定を執行する権限を有する。

したがって、日弁連及び弁護士会役員の業務権限には、「公権力の行使」的側面があることは否定できない。しかしながら、国籍要件の定めはなく、現実に右記の通り、外国籍弁護士が会長・副会長に就任した例がある。

なお、具体的な懲戒は、綱紀委員会の調査に基づく事案の審査請求に基づき、懲戒委員会が議決による決定を行うこととなる（同法58条）が、綱紀委員会、懲戒委員会ともに、委員となる弁護士に国籍要件は定められていない。

■注

＊1　「民事調停委員及び家事調停委員規則」は、「任命」（第1条）の要件と「欠格事由」（第2条）として、次のとおり規定するのみである。

（任命）

第一条　民事調停委員及び家事調停委員は、弁護士となる資格を有する者、民事若しくは家事の紛争の解決に有用な専門的知識経験を有する者又は社会生活の上で豊富な知識経験を有する者で、人格識見の高い年齢四十年以上七十年未満のものの中から、最高裁判所が任命する。ただし、特に必要がある場合においては、年齢四十年以上七十年未満の者であることを要しない。

（欠格事由）

第二条　次の各号のいずれかに該当する者は、民事調停委員又は家事調停委員に任命することができない。

一　禁錮以上の刑に処せられた者

二　公務員として免職の懲戒処分を受け、当該処分の日から二年を経過しない者

三　裁判官として裁判官弾劾裁判所の罷免の裁判を受けた者

四　弁護士、公認会計士、司法書士、土地家屋調査士、税理士、弁理士、建築士、不動産鑑定士若しくは不動産鑑定士補又は社会保険労務士として除名、登録の抹消、業務の禁止、免許の取消し、登録の消除又は失格処分の懲戒処分を受け、当該処分に係る欠格事由に該当する者

五　医師として医師法（昭和二十三年法律第二百一号）第七条第二項の規定により免許を取り消され、又は歯科医師として歯科医師法（昭和二十三年法律第二百二号）第七条第二項の規定により免許を取り消され、再免許を受けていない者

＊2　「司法委員規則」は、「任命」（第1条）の要件と「欠格事由」（第2条）として、次のとおり規定するのみである。

（任命）

第一条　司法委員となるべき者は、良識のある者その他適当と認められる者の中から、これを選任しなければならない。

（欠格事由）
第二条　次のいずれかに該当する者は、司法委員となるべき者に選任されることができない。
一　禁錮以上の刑に処せられた者
二　公務員として免職の懲戒処分を受け、当該処分の日から二年を経過しない者
三　裁判官として弾劾裁判所の罷免の裁判を受けた者
四　弁護士として除名の懲戒処分を受け、当該処分の日から三年を経過しない者

＊3　「参与員規則」は、「任命」（第1条）の要件と「欠格事由」（第2条）として、次のとおり規定するのみである。

（任命）
第一条　人事訴訟法（平成十五年法律第百九号）による参与員及び家事事件手続法（平成二十三年法律第五十二号）による参与員（以下これらを「参与員」と総称する。）となるべき者は、徳望良識のある者の中から、これを選任しなければならない。

（欠格事由）
第二条　次の各号のいずれかに該当する者は、これを参与員となるべき者に選任することができない。
一　禁錮以上の刑に処せられた者
二　公務員として免職の懲戒処分を受け、当該処分の日から二年を経過しない者
三　裁判官として弾劾裁判所の罷免の裁判を受けた者
四　弁護士として除名の懲戒処分を受け、当該処分の日から三年を経過しない者

第4章

憲法・国際人権の観点から

吉井正明

1　憲法の基本的人権の保障について

日本国憲法は個人の基本的人権を保障し、憲法第13条は幸福追求権、憲法第14条は法の下の平等、憲法第22条は職業選択の自由を保障している。これらの基本的人権の保障は外国人にも保障されるかどうかについていろんな説があるが、全く適用がないというのは少数説である。一九七八年一〇月四日、最高裁判所は「基本的人権の保障は権利の性質上日本国民のみをその対象としていると解されるものを除き、我が国に在留する外国人に対しても等しく及ぶものと解すべきであり、政治活動の自由についても、我が国の政治的意思決定又はその実施に影響を及ぼす活動等外国人の地位にかんがみこれを認めることが相当でないと解されるものを除き、その保障が及ぶ。……外国人に対する憲法の基本的人権の保障は……外国人在留制度のわく内で与えられているに過ぎない」と判示している（いわゆるマクリーン判決）。このマクリーン判決の中で「外国人に対する憲法の基本的人権の保障は外国人在留制度のわく内で与えられているに過ぎない」と限定している点については、大きな疑問が寄せられている。ただ、最高裁においても基本的人権は「権利の性質上日本国民のみを対象としていると解されるものを除き」外国人にも保障されるとしている。憲法の幸福追求権、法の下の平等、職業選択の自由はその権利の性質上日本国民に限定する理由はないのであるから、外国人にもその保障が及ぶと考えられる。また、マクリーン判決では「外国人に対する憲法の基本的人権の保障は外国人在留制度の枠内で与えられているに過ぎない」としているが、弁護士会が調停委員として推薦した弁護士はほとんどが特別永住者か永住権を持っている者で、在留活動に何らの制限のないどんな職業に就くこともできる資格を持っている者なので、在留制度の枠内でも幸福追求慶権、平等原則、職業選択の自由などの憲法の基本的人権の保障が及ぶことは明らかである。最高裁判所は「当然の法理」という法制度にないことを理由として外国籍調停委員の採用を拒否しているのであるから、憲法が保障している基本的人権を侵害していると言える。

2　国際人権法の適用について

（1）はじめに

日本国憲法は第98条2項で「日本国が締結した条約及び国際法規は、これを誠実に遵守することを必要とする」と規定し、国際協調主義を明確にしている。日本政府が締結した条約は法律よりも上位に位置づけられており、条約に反する取り扱いをすることは許されない。第二次世界大戦後、国際の平和と安全のためには国内における人権保障とその国際的な監視が不可欠であるとの認識から、人権が世界秩序の基本原理であることを確認し、国際社会において守られるべき共通基準としての人権の総体を明らかにした世界人権宣言が国連総会において採択された（一九四八年一二月一〇日）。これは単なる宣言で、各国を法的に拘束する条約ではないことから、これを具体化した条約として、一九六六年一二月一六日に社会権規約と自由権規約が採択された。また、個別の人権分野に着目して、人種差別撤廃条約、女性差別撤廃条約、子どもの権利条約、拷問禁止条約など多数の人権に関する条約が採択されてきた。これらを総称して国際人権条約と呼ぶ。国連で採択された国際人権条約で日本が批准していない条約もあるが、上に例示した人権条約については日本政府もすべて批准している。

これらの人権条約については、これを批准した国に対し、定期的に条約の履行状況の報告を義務づける規定があり、この規定によって提出された政府報告書を審査するための委員会が設置されている。例えば、自由権規約についていえば、自由権規約委員会、社会権規約については社会権規約委員会、人種差別撤廃条約については人種差別撤廃委員会が設置されている。それぞれの委員会が各国から提出された条約の履行状況に関する政府報告書を審査する。提出された政府報告書に対しては、その国のＮＧＯ団体からカウンターレポートを提出することができる。日弁連もＮＧＯ団体の一つとして、各委員会に提出された日本政府報告書に対し、履行が不十分な点を指摘するカウンターレポートを日弁連報告書として毎回提出している。日本政府が提出した政府報告書とＮＧＯ団体が提出したカウンターレポートの資料を委員会が審査し、その審査の結果についでは委員会から政府に対し総括所見あるいは見解という名称で勧告が行われ、条約に適合した措置を執るよう求められる。

また、人権を侵害された個人から委員会に対し救済を求める個人通報制度というものもある。この個人通報制度は各条約によっては別個の条約となっていたり、条約内に規定をおいてこれを受諾する宣言をすることで個人通報ができるとするものもあるが、日本政府はこれらの人権条約に定められた個人通報制度を条約として批准したり受諾宣言をしたりしていない。日本政府については各委員会から個人通報制度を批准ないし受諾するよう勧告が出されている。

調停制度に関係する条約としての自由権規約、社会権規約、人種差別撤廃条約について日弁連が取り組んできた内容を以下報告する。

(2) 自由権規約について

自由権規約第26条は、「すべての者は、法律の前に平等であり、いかなる差別もなしに法律による平等の保護を受ける権利を有する。このため、法律は、あらゆる差別を禁止し及び人種、皮膚の色、性、言語、宗教、政治的意見その他の意見、国民的若しくは社会的出身、財産、出生又は他の地位等のいかなる理由による差別に対しても平等のかつ効果的な保護をすべての者に保障する」と規定している。法律により調停委員等に選任されないことが、外国人であることのみを理由とするならば、国民的出身による差別ということになり得る。日本弁護士連合会は、二〇一四(平成二六)年三月一九日付け「市民的及び政治的権利に関する国際規約第40条(b)に基づく第六回日本政府報告書審査に関する日弁連報告書(いわゆるカウンターレポート)(その2)」において、「日本に永住・定住している外国人については、日本国籍がないことのみを理由として幅広く公務員に就任することを制限するのではなく、職務内容に応じた真の合理的必要性がある場合に、かつ、明文の法律上の規定がある場合にのみ制限されるものとすべきである」とする勧告案を総括所見に盛り込むよう自由権規約委員会に求めていたが、これは総括所見に盛り込まれなかった。日弁連は第七回日本政府報告書審査に向けて、二〇二一年三月二二日付で外国籍の公務就任権に関する特別報告を規約人権委員会に提出した。そのなかで、「日本政府は、1．公務就任権に対する国籍要件を緩和し、定住外国人に対し、より門戸を開放すべきである。2．旧植民地出身者及びその子孫であって、日本国籍を有しない者が公務員になろうとする場合には、原則として、公務就任権を保障すべきである。3．裁判所における民事調停委員及び家事調停委員並びに司法委員及び参与員の採用について、公権力の行使を理由として外国人を採用しないとの取扱いを改め、日本国籍の有無にかかわらず、等しく採用すべきである」ことを求めている。規約人権委員会による第七回政府報告書の審査は二〇二二年一〇月に開催された第一三六回会期において審査された。二〇二二年一一月三日に出された自由権規約委員会の総括所見では、直接外国人の公務就任権に関する勧告はなかったものの、個人通報制度の批准（パラ5）、国内人権機関の設置（パラ7）、反差別禁止法の制定（パラ9）、在日コリアンに対する地方参政権の選挙権等（パラ43）を勧告している。

（3）社会権規約について

社会権規約については、第2条2項で「この規約の締約国は、この規約に規定している権利が人種、皮膚の色、性、言語、宗教、政治的意見その他の意見、国民的若しくは社会的出身、財産、出生または他の地位によるいかなる差別もなしに行使されることを保障することを約束する」と規定し、そして第6条1項が以下のように規定している。

「この規約の締約国は、労働の権利を認めるものとし、この権利を保障するため適当な措置をとる。この権利には、すべての者が自由に選択し又は承諾する労働によって生計を立てる機会を得る権利を含む」。調停委員等に選任されることは、報酬を得て職務に当たることになるので、選任されてしかるべき場合に国籍のみを理由として選任されないということは、2条2項の平等原則、同6条の定める「労働の権利」を認めないものであり、そのような状態が放置され続ければ「この権利を保障するため適当な措置」をとらなかったと評価されてもやむを得ないといえる。

日弁連は、二〇一三年一月一八日付「経済的、社会的及び文化的権利に関する国際規約第16条及び第17条に基づく第三回日本政府報告に関する日弁連報告書」で総括所見に盛り込む内容として「(1) 締約国は、「公権力の行使または公の意思の形成への参画に携わる公務員」について日本国籍を就任要件としているが、日本国籍を有しない者が就任することにより実質的な職務遂行上の支障が生じる役職について法律で制限を定める場合を除き、広く日本国籍を有しない者を一般職国家公務員その他の公務員に採用し、かつ、採用した者について日本人と同様の昇進を認めるべきである。(2) 最高裁判所は、民事調停委員及び家事調停委員並びに司法委員の採用について公権力の行使を理由として外国人を採用しないとの取扱いを改め、日本国籍の有無にかかわらず、等しく採用すべきである」との意見を社会権規約委員会に提出している。この意見書は社会権規約委員会の総括所見には取り上げられなかった。その後、第四回政府報告書審査の日程は決まっていないが、今後審査が行われるときには、社会権規約委員会からの総括所見で外国籍調停委員の採用を求めるよう取り組む予定である。

(4) 人種差別撤廃条約について

人種差別撤廃条約第5条は、「第2条（注：締約国の基本的義務として、あらゆる形態の人種差別を撤廃する政策及びあらゆる人種間の理解を促進する政策をすべての適当な方法により遅滞なくとることを要求）に定める基本的義務に従い、締約国は、特に次の権利の享有に当たり、あらゆる形態の人種差別を禁止し及び撤廃すること並びに人種、皮膚の色又は民族的若しくは種族的出身による差別なしに、すべての者が法律の前に平等であるという権利を保障することを約束する。」と規定している。そして、同条の（e）「経済的、社会的及び文化的権利、特に」として、（i）「労働、職業の自由な選択、公正かつ良好な労働条件、失業に対する保護、同一の労働についての同一報酬及び公正かつ良好な報酬についての権利」についての平等を要求している。これも国籍により調停委員等へ選任されないことは、国籍という形態の人種差別によって、調停委員等の職業の自由な選択についての権利を侵害しているといえる。

なお、人種差別撤廃条約第1条2項は、市民と市民でない者との間に区別を設けることができることを規定しているが、これについては人種差別撤廃委員会の一般的勧告30（二〇〇四年）「市民でない者に対する差別」の2において「第1条2項は、差別の基本的な禁止を害することを回避するよう解釈しなければならない。従って、同項は、とくに、「世界人権宣言」、「経済的、社会的及び文化的権利に関する国際規約」、及び「市民的及び政治的権利に関する国際規約」が承認し、及び規定する権利及び自由を縮減するものと解釈されるべきではない」としていることから国籍による不合理な差別は許されないことになる。

人種差別撤廃条約については、二〇〇三年に最高裁判所が外国籍調停委員の採用を拒否した後に開かれた日本政府の報告書審査から、日弁連は人種差別撤廃委員会に、外国籍調停委員の採用を求める意見書を提出していた。そして、第三から第六回の日本政府報告書審査があった二〇一〇年三月に、人種差別撤廃委員会は、三月九日付総括所見（15）において、次のような勧告をした。

「家庭裁判所調停委員はいかなる公的決定権を持っていないことに留意するとともに、委員会は、日本国籍を持たない者は資質があるにもかかわらず、調停委員として調停処理に参加できないという事実に懸念を表明する。また、公職への日本国籍を持たない者の参画に関してデータが提供されていないことに留意する（第5条）。委員会は、調停処理を行う候補者として推薦された能力のある日本国籍を持たない者が家庭裁判所で活動できるように、締約国の立場を見直すことを勧告する。また、次回報告において日本国籍を持たない者の公職への参画の権利に関して情報を提供することを勧告する」

この勧告に対して、最高裁判所は再考することはなく、日本政府は日本国籍を持たない者の公職への参画の権利に関する情報を提供しなかった。

二〇一四年八月に第七から第九回の日本政府の報告書審査が行われた。日弁連は引き続き外国籍調停委員の採用を求める日弁連報告書を人種差別撤廃委員会に提出した。人種差別撤廃委員会は九月二六日付総括所見（13）において次のように勧告した。

「委員会は、締約国の代表団によって提供された説明に留意するものの、国家権力の行使を要さないいくつかの公的サービスの仕事に対するアクセスにおいて、日本国籍でないものが直面する制限及び困難について懸念する。委員会はとりわけ、家庭裁判所における調停委員として行動する能力を有する日本国籍でない者を排除するとの締約国の立場及び継続する実務について懸念する（第5条）。市民でない者に対する差別に関する一般勧告30（二〇〇四年）を想起し、委員会は、締約国に対し、能力を有する日本国籍でない者が家庭裁判所における調停委員として行動することを認めるように、その立場を見直すことを勧告する。委員会はまた、締約国が、長期にわたり締約国に住んでいる日本国籍でない者に相当の注意を払いつつ、国家権力の行使を要さない公的な仕事へのアクセスを含む、日本国籍でない者による公職へのさらなる参画を促進するために、法的及び行政的制限を取り除くよう勧告する。委員会はさらに、締約国に対し、日本国籍でない者の公職への参画に関する包括的かつ項目ごとのデータを、次回定期報告において提供することを勧告する」

しかし、この勧告に対しても、最高裁判所は見直すことなく、日本政府は公職への参画に関するデータも提供しなかった。

二〇一八年八月に第一〇、一一回の日本政府報告書審査が行われた。この時も、日弁連は引き続き外国籍調停委員の採用を求める日弁連報告書を人種差別撤廃委員会に提出した。人種差別撤廃委員会は八月三〇日付総括所見（21）（22）（34）において次のように勧告した。

「21　委員会は数世代にわたり日本に在留し、外国籍を保持する韓国・朝鮮人が、地方参政権を有さず、公権力の行使または公の意思の形成への参画に携わる国家公務員として勤務することができないことを懸念する」「22　市民でないものに対する一般勧告30（二〇〇四年）に留意し、委員会は、締約国に対し、数世代にわたり日本に在留する韓国・朝鮮人に対し、地方参政権及び公権力の行使または公の意思の形成への参画にも携わる国家公務員として勤務することを認めることを勧告する」「34　市民でないものに対する一般勧告30（二〇〇四年）に留意し、委員会は、締約国に対し、以下の点を勧告する。（e）市民でない者、特に外国人長期在留者及びその子孫に対して、公権力の行使または公の意思の形成への参画に携わる公職へのアクセスを認めること」

委員会は、外国籍調停委員という職種に限定していないが、数世代にわたり日本に在留する韓国・朝鮮人と長期在留者を区別して、広く数世代にわたり日本に在留する韓国・朝鮮人については国家公務員への参画を認め、長期在留者については公職への参画の権利を認めた。これは二〇一四年の勧告からさらに一歩進んだ勧告と評価することができる。

にもかかわらず、最高裁判所は未だに外国籍の調停委員の採用の見直しをしようとはしていない。

このように、国際社会から度重なる勧告がなされ、しかも、憲法は国際協調主義を謳い、条約の尊重義務を規定しているのに、憲法の番人である最高裁判所が憲法、条約違反を犯していることは許しがたいことといわなければならない。

第5章

在日朝鮮人・台湾人の国籍の歴史的考察

崔信義

1 本稿で扱うテーマ

一八九五年の日清講和条約による台湾等の割譲と一九一〇年の韓国併合によって、台湾と韓国は大日本帝国の主権の下に入り、台湾人、朝鮮人は大日本帝国の臣民となり、多数の台湾人、朝鮮人が日本本土に入国し居住することになった。日本の統治政策によって日本への渡航・移住をするに至り、戦後は南北分断、朝鮮戦争その他の事情によって日本に定住せざるを得なくなった者およびその子孫は、一九四五（昭和二〇）年八月のポツダム宣言受諾によって日本本土から母国に帰国したが、他方で日本にそのまま居住する者も多かった。

本稿は、戦後の日本に居住することになった在日台湾人、在日韓国朝鮮人という、台湾・朝鮮半島出身者に対する国籍差別を検討する際の前提となる基礎的知識を概略的に提供するものである。以下では、主に「在日朝鮮人等」という用語を使い、文脈にしたがって在日台湾人、在日朝鮮人と使い分ける場合もある。

2　外国人登録令制定時の時代背景――在日朝鮮人等が「外国人」となるまで

在日朝鮮人等は、戦前は日本国籍を有する「皇国臣民」とされていたが、日本が独立を回復する一九五二（昭和二七）年のサンフランシスコ平和条約（同年四月二八日発効、以下「平和条約」）の直前に出された民事甲438号法務府民事局長通達（一九五二（昭和二七）年四月一九日、「通達」）によって、同条約発効とともに日本国籍を喪失する。この通達の内容は、次のとおりである。

「①　朝鮮及び台湾は、条約の発効の日から日本国の領土から分離することになるので、これに伴い、朝鮮人および台湾人は内地に在住している者を含めてすべて日本の国籍を喪失する。

②　もと朝鮮人、台湾人であったものでも条約発効前に内地人と婚姻、養子縁組等の身分行為により内地の戸籍に入籍すべき事由の生じたものは、内地人であって、条約発効後も何らの手続を要することなく引き続き日本の国籍を保有する。

③　もと内地人であった者でも、条約の発効前に朝鮮人又は台湾人との婚姻、養子縁組等の身分行為により内地の戸籍から除籍せらるべき事由の生じたものは、朝鮮人又は台湾人であって、条約発効と共に日本の国籍を喪失する。」

このように、法律によらずに内地戸籍に入っているかどうかで日本国籍を有するかどうかを決する通達は、憲法１０条違反であるという強力な学説があるものの、判例（一九六一（昭和三六）年四月五日大法廷判決）・通説は、法律より上位にある平和条約（韓国、朝鮮、台湾等はこの条約の当事者とはなっていない）に国籍条項の存在を擬制し、「領土変更に伴う国籍変更」の枠組みを維持し、通達はその条約の趣旨を実現するものであるという理由で合憲としている（以上、大沼保昭『在日朝鮮人の法的地位に関する一考察（６・完）』及び山田他「国籍法（第三版）」第三編第六章に詳しい）。

この通達により、その当時存在した数十万人の台湾・朝鮮半島出身者の日本国籍が一方的に剥奪され条約発効とともに突如として数十万人に及ぶ外国人が日本の中に出現することになった。この通達の憲法適合性はここでのテーマではないから触れないが、問題は、平和条約発効の前日である一九五二（昭和二七）年四月二七日までは日本国籍を有していたはずの旧植民地出身者が、それ以前、新憲法施行の前日である一九四七（昭和二二）年五月二日公布施行の（旧）外国人登録令（旧憲法下最後の勅令）の適用を、すでに受けていたということである。

この勅令は名前のとおり外国人を適用対象としているのであるから、日本国籍をその当時有していた台湾・朝鮮半島出身者には適用されないはずであるが、同勅令は「台湾人のうち法務総裁の定めるもの及び朝鮮人は、この勅令の適用については、当分の間、これを外国人と見なす」というみなし規定（11条）を置き、同出身者に登録義務を課した。

また、一九四五（昭和二〇）年の衆議院議員選挙法（法律42号）等の選挙法各付則2項はいずれも「戸籍法の適用を受けない者の選挙権及び被選挙権は当分の間停止する」と定め、やはり、日本国籍を有するはずの台湾・朝鮮半島出身者の参政権を停止した。このように、台湾・朝鮮半島出身者に対して日本政府は、日本国籍を有することから生じる日本国民としての義務は当然課しながらも、他方日本国民として有すべき権利を制限し、外国人としての義務を課すというふうに、日本国籍者である場合と外国人である場合とを巧みに使い分け、いわばダブルスタンダードによる政策で対応してきたということができよう。この様な日本政府側の一方的な流動的・恣意的対応を、台湾・朝鮮半島出身者の日本国籍を剥奪することによって一挙に解消しようとしたのが同通達である。

同通達によって、旧植民地出身者は平和条約発効日である一九五二（昭和二七）年四月二八日から「外国人」となり、この外国人となった旧植民地出身者を待ち受けていたのは同日施行の外国人登録法（法律125号）である。この外国人登録法は、外国人登録令を引き継いだものであるが、前者は法律の形式を採り、後者よりはるかに詳細な規定となっている。一九八〇（昭和五五）年頃から指紋押捺拒否事件の裁判で名を知られるようになった指紋押捺制度はこの法律ではじめて現れることになる。

3　外国人登録法の沿革及び性格

外国人登録法の前身である外国人登録令（昭和二二年勅令第207号、「外登令」）は、内務省調査局が中心となり同警保局のメンバーを加えて立案された。立法の主たる目的は、「あくまで在日朝鮮人、中国人に対する取り締まり体制を確立し社会秩序を維持すること」にあったと考えられている（大沼保昭「単一民族社会の神話を越えて」）。

戦前の判例は「朝鮮ノ独立ヲ達成セムトスルハ我帝国領土ノ一部ヲ僣窃シテソノ統治権ノ内容ヲ実質的ニ縮小セシメ之ヲ侵害セムトスルニ外ナラザルヲ以テ治安維持法ニ所謂国体ヲ変革スルコトヲ目的トスルモノト解スベキモノトス」とし、朝鮮人の独立運動に対する治安維持法の適用を正当化した。

戦前は入管も所轄していた警保局は、戦後は「外国人管理」という名目で在日台湾人・韓国朝鮮人等の外国人の取締を遂行することになった。すなわち、戦後連合国は台湾人・朝鮮半島出身者を原則として「解放民族」ととらえていたから、内務省としても「外国人管理」という建前で同出身者の取締を行った。これは外登令の規定をみれば明らかである。

即ち、外国人の入国を原則的に禁止し（3条）、退去強制規定（16・17条）を置くことによって適用対象をすでに在留する「外国人」に限定し、その「外国人」に対しては、登録証の常時携帯・呈示義務（10条）を課し、これらの諸義務違反には「一年以下の懲役若しくは禁こ又は一万円以下の罰金」という刑事罰をもってのぞみ（13条）、本勅令の目的は「外国人の入国に関する措置を適切に実施」（1条）することであるにもかかわらず入国に関する手続き規定は整備されず、逆に日本国籍を有するはずの台湾人・朝鮮人を外国人としてしまう看做し規定を置き（11条）、更に新規入国者等に登録申請を義務づけるという本文の建前を維持しながら、附則2項という例外規定によって既に「本邦に在留する外国人」たる台湾人・朝鮮人にも登録申請義務を課し、この登録義務に反した場合に退去強制規定（13条）を準用することによって（附則3項）、台湾人・朝鮮人を日本国外に放逐する道を設けていた。

戦後の刑事訴訟法は、身体の長期抑留を制限して、勾留更新は原則一回とし、保釈請求を認め、また身体の拘束を伴わない裁判があった場合には勾留状は失効することとしたが、外登令上の同規定は不法入国者には保障されず（外登令15条）、しかも登録申請義務（附則2項）を課された

「外国人」がその義務に反し刑事被告人となった場合には、附則3項によって本来不法入国者に適用される同15条が準用され、登録義務違反という場合でさえ、右刑訴の人権保障規定が排除されることになる。以上から「外国人に対する諸般の取扱の適正を期する」という価値中立的目的条項（同令1条）にもかかわらず、附則という例外規定を駆使することで、その在日台湾人・韓国朝鮮人に対する取締法的性格が一目瞭然となっていた。

以上のような取締法規を制定法として国会の可決を得ることは当時の状況からは困難と判断され、日本に「民主主義」を植えつけようとしていたGHQも制定法によることに難色を示し、結局、内務省は旧憲法下最後の勅令として一九四七（昭和二二）年五月二日制定し、翌日の新憲法施行と共に同勅令も施行された。

その後、警察国家の拠点たる内務省は解体され、戦後の「外国人管理」の主体は変遷を重ねて法務省入国管理局に移行するが、内務省の作った外登令は日本政府がGHQから解放される「平和条約」発効日（一九五二（昭和二七）年四月二八日）に、晴れて外国人登録法という法律になり、新たに指紋押捺制度、外登証常時携帯義務が加えられた。この戦後の入管法の制定、実施による入管体制の創設は、内務省権力の仕事として新憲法下の法務省へ引き継がれたのである。

以上のような史的背景をもつ外国人登録令とそれを引き継いだ外登法に規定された指紋押捺制度は、「犯罪予備軍」としての在日台湾人・韓国朝鮮人の取締のためではないかということで、後に多くの訴訟が提起された。

指紋押捺制度に対しては、学説からも批判が多く、次の批判がその本質を突いている。「衆議院法務委員会における議論の中で、遠藤法務大臣（当時）は、指紋押捺制度につき、いみじくも、『火災保険をつけているというような気持がある。もしもということで万全を期していきたい』と述べているが、不法入国者等の防止のためにすべての外国人から指紋をとっておくという発想は、まさに、取り締まり側に立った『保険』の発想である。保険をつけるのは勝手であろうが、その保険料を正規に在留している外国人の人権によって賄おうというのは、いかにも虫のいい身勝手な理屈である」（浦部法穂）。

このような批判の中で、結局、同制度は廃止に至り、外国人住民も日本人と同様に住民基本台帳法の適用対象に加える同法の改正がなされ（二〇〇九〔平成二一〕年七月一五日公布）、二〇一二（平成二四）年七月九日、外国人登録法が廃止され、新たな在留管理制度が始まった。

4　在日朝鮮人の朝鮮人学校による民族教育

一九四五（昭和二〇）年八月の敗戦によって、在日朝鮮人は子弟の朝鮮語等の民族教育に着手し東京・戸塚の国語講習所をはじめ各地に国語講習所を設立した。その後組織的に発展し、一九四六（昭和二一）年四月から、日本各地に生まれた国語講習所を初・中・上の三年制初等学院へと改編し、初等教育を実施した。さらに同年九月に六年制の正規の学校へと発展させ、同年一〇月、東京朝鮮中学校を創立したのを契機に中等教育も実施することとなった。教材についても一九四六（昭和二一）年二月に教材編纂委員会が設立され、その後教科書と教材を自力で作成することになり、敗戦直後から一九四六（昭和二一）年一〇月までのあいだに、日本各地に五二五校の初等学院、四校の中学校、一〇校の青年学校を設立し、一一〇〇余名の教員によって四万一〇〇〇余名の学生たちに体系的な民族教育を実施されるまでになった（崔紗華「占領期日本における朝鮮人学校」〔二〇一五年四月〕二頁に詳しい）。

5　学校閉鎖命令と公立朝鮮人学校の開設と廃止

（1）第一次閉鎖命令

一九四七年から東西冷戦が本格化し、一九四八（昭和二三）年一月二四日付けで文部省学校教育局長から都道府県知事ら宛に「朝鮮人設立学校の取扱いについて」という以下のとおりの回答が発出された。

「一　現在日本に在留する朝鮮人は、昭和二一年一一月二〇日附総司令部発表により日本の法令に服しなければならない。……従って朝鮮人の子弟であっても、学齢に該当する者は、日本人同様、市町村立又は私立の小学校又は中学校に就学させなければならない。また私立の小学校又は中学校の設置は、学校教育法の定めるところによって、都道府県（知事）の認可を受けなければならない。……私立の小学校及び中学校には、教育基本法第八条（政治教育）のみならず設置廃止、教科書、教科内容等については、学校教育法における総則並びに小学校及び中学校に関する規定が適用される。なお、朝鮮語等の教育を課外に行うことは差支えない」

日本国籍を有することから生じる日本国民としての義務は当然課しながらも、他方日本国民として有すべき権利を制限し、外国人としての義務を課すというふうに、日本国籍者である場合と外国人である場合とを巧みに使い分けるという日本政府のダブルスタンダードによる対応をここにも見ることができる。

この回答によって、ＧＨＱと日本政府は阪神地域の朝鮮人学校に対する取り締まりを強化し、一九四八（昭和二三）年四月二三日以後、朝鮮人学校の閉鎖命令を機に大きな衝突が起こり、同月二四日午後一一時、兵庫軍政部は非常事態を宣言した。この非常事態宣言は占領期間を通して唯一の発令であった。この衝突の中で、銃弾が当時一六歳の少年に命中して同人は死亡した（崔紗華著前掲書三頁第二節参照）。

（2）第二次閉鎖命令と朝鮮人学校の公立化とその廃止の経緯

上記閉鎖命令の翌年の一九四九（昭和二四）年一〇月一九日文部省により第二次朝鮮人学校閉鎖命令が下され、在日本朝鮮人連盟（朝連）経営の九二校の即時閉鎖、その他朝連の経営ではない二四五校の改組措置を実施した。しかし、閉鎖によって転入せざる得なくなった在日朝鮮人児童を近隣の日本人学校が物理的に収容できないとか、閉鎖によって生じた不就学児童や非行の増加という地域の治安問題を解消するために朝鮮人学校が地方自治体によって公立化されて開設されることになった。

朝鮮人学校の公立化は、地域の混乱が解消するまでの暫定的措置として行われたものであった。特に、一九五二（昭和二七）年四月二八日の「平和条約」発効とともに在日朝鮮人の日本国籍が喪失されることになったが、それは在日朝鮮人が義務教育の対象から排除されるということを意味し、公立朝鮮人学校は私立に移管する必要性も生じたことから、文部省としては長期的に公立化を続ける考えはなかったので、平和条約発効後、在日朝鮮人の義務教育に関しては、一九五三（昭和二八）年二月一一日文部省初等中等教育局長から次のような通達が発せられた。

1　（イ）朝鮮人子女の就学については、従来、日本の法令が適用され、すべて日本人と同様に取り扱われてきた。しかるに平和条約の発効以降は、在日朝鮮人は日本の国籍を有しないこととなり、法令の適用については、一般の外国人と同様に取り扱われることとなった。
（ロ）従って、就学年齢に達した外国人を学齢簿に登載する必要はないし、就学義務履行の督促という問題も生じない。なお、外国人を好意的に公立の義務教育学校に入学させた場合には、義務教育無償の原則は適用されない。

2　しかし朝鮮人については、従来からの特別事情もあるので、さしあたり次のような措置をとることが適当と考える。
（1）日韓友好の精神にもとづき、なるべく便宜を供与することを旨とすること。
（2）教育委員会は、朝鮮人の保護者からその子女を義務教育学校に就学させたい旨の申出があった場合には、日本の法令を厳守することを条件として、就学させるべき学校の校長の意見を徴した上で、事情の許すかぎりなお従前の通り入学を許可すること。

このような通達に対しては、公立朝鮮人学校の閉鎖反対・私立移管反対運動も起こり（森田芳夫、一九五五年）、さらには、朝鮮人学校問題が国内問題を越えて国際関係と関係していること、日本政府が対朝鮮人政策の全体像が明確にできていないこと、公立朝鮮人学校を廃止した後の法的位置づけを文部省が決めかねていたこと等々の事情から、文部省が画一的な政策として公立朝鮮人学校の廃止を打ち出すのは一九六五年の日韓国交正常化条約締結以後となり、それまでは多くの地方で公立朝鮮人学校は公立として運営された（以上の説明は、崔紗華著前掲書）。

日本政府の立場からすると、「平和条約」発効とともに日本国籍を喪失した在日朝鮮人児童は、憲法２６条の「国民」から排除されるから、「教育を受ける権利」は保障されない。したがって、公立朝鮮人学校も在日朝鮮人児童の「教育を受ける権利」という側面から論じられたものではなく、日本の地域社会の治安問題を解消するためという側面から認められた点に留意する必要がある。

6 「当然の法理」の形成

（1）「当然の法理」は在日朝鮮人らに対する処遇政策に対応している

公務員の任用基準としての「当然の法理」は、外国人一般を公務員から排除するものであるが、その政策の結果とするところ、あるいは意図するところは、在日外国人の大部分を占め、この国で定着を余儀なくされている定住外国人としての在日朝鮮人らを排除することにあったといっても過言ではない。

したがって、日本政府による「当然の法理」の形成に至る任用上の制約基準の形成とその運用過程は、基本的には、在日朝鮮人らに対する処遇政策に対応しているといえる。

(2) 一九四五(昭和二〇)年敗戦~平和条約(一九五二(昭和二七)年)に至る時期(占領期)

日本敗戦時に二〇〇〇万人以上いたといわれる在日朝鮮人は、三六年間の日本統治時代に故郷での生活基盤を失ってしまっていたり、日本国外に持ち出せる財産が制限されたことなどの理由から、最終的には六〇万人以上の人々が日本に残留することになった。

講和条約の締結までは、在日朝鮮人等は日本国籍を保持する者として扱われる一方、外国人登録、強制送還(外国人登録令(勅令207号))、参政権(旧公職選挙法付則3)などについて個別的に外国人とみなされた。外国人を公務員に「任用」することについては、この時期の政府は「容認政策」をとったといえる。これは、主として、戦前帝国臣民として採用された在日朝鮮人等の「官吏」としての地位を存続させることを意図するものであったが、政府は、この時期、警察官等の例外を除き、一般職公務員の任用についての積極的政策を採用した。すなわち、

ア 一九四九(昭和二四)年の地方公務員の事例として、愛知県からの「外国人を県職員として採用することについて」の可否を問う照会に対して、外国人の採用に「制限はな」く、「一般に

外国人を県職員として採用することの可否については、任用権者において判断すべきもの」とする回答を、総理庁自治課長が与えている（一九四九〔昭和二四〕年五月二六日自発第546号）。

イ　外国人登録令に登録された台湾省民を国立療養所の医師として採用し、勤務させうるかという厚生省の照会に対し、その台湾人を「一般職に属する官職に採用することはさしつかえないものと解する」（一九五一〔昭和二六〕年五月一一日第71号法制局長）という回答を示している。

ウ　「韓国国籍を有する者は具体的にいかなる立法により国家公務員となりうるか」という人事院大阪地方事務所長の照会に対し、同じく法制局長は「これらの者は、国家公務員法の定める通常の手続きにより国家公務員となりうる」（一九五一〔昭和二六〕年八月二二日第71-69号法制局）という回答を示した。

(3) 占領解除（一九五二〔昭和二七〕年）から日韓条約締結（一九六五〔昭和四〇〕年）まで

①一方的国籍喪失

本章2節において既に説明したように、在日朝鮮人等は、一九五二〔昭和二七〕年、平和条約〔同年四月二八日発効〕の直前に出された同月一九日「通達」によって、右条約発効とともに日本国籍を喪失した。平和条約には、日本国の支配した領土を失うことは定められたが、朝鮮人及び台湾人の国籍については何ら規定がないにもかかわらず、同条約に国籍条項の存在を擬制して国籍喪失を合法としているので、「領土変更に伴う国籍変更」といわれる。しかし、たとえば、第二次大戦後のドイツがオーストリア独立に際して、オーストリア人はドイツ国籍を失うとしつつも、ドイツ領内に居住するオーストリア人に自らの意思による国籍選択権を認めたこととの異別性が指摘されている。

この時期に入って、日本政府の在日朝鮮人らの公務員への任用政策は排除政策を原則として具体化する。ただ、この時期においても公務員の任用に関する照会に対して任用が制約されるという回答はなされていない。すなわち、地方自治庁（旧自治省）は、一九五二（昭和二七）年七月、京都府知事あての公務員課長回答（地自公二三四）において、「外国の国籍を有する者を地方公務員に任用することについて、地方公務員法はその他の国内法に何ら制限規定がないので、原則として差しつかえないものと解する」と回答した。

また、平和条約発効までに帰化手続き未了の者の国家公務員たる資格等の継続につき「第三国人たる朝鮮人または台湾人が、平和条約発効当日までに帰化手続き未了であっても、現に正規の帰化手続き中の場合は、当然には国家公務員たる資格を失わないと解するかどうか」という建設省の照会に対し、「お尋ねの第三国の国籍を有することとなったすべての国家公務員がお示しの日において当然に国家公務員たる身分を失うものではない。この場合において、国家公務員たる身分を失うかどうかは、法令に別段の規定がある場合の外は国家公務員の占める官職の職務と責任に応じて、従前の令に従って解釈する外はない」（一九五二〈昭和二七〉年七月二三日71-65人事院事務総長）という回答が示めされている。

②「当然の法理」（昭和二八年内閣法制局回答）

しかし政府は、同年二月、内閣法制局に対し、「わが国の公務員が日本国籍を喪失した場合、その者は、公務員たる地位を失うか」という照会をしたところ、同局は次のとおりの回答（「昭二八回答」）をした（一九五三〈昭和二八〉年三月二五日法制局1発第29号）。

「一般にわが国籍の保有がわが国の公務員の就任に必要とされる能力要件である旨の法の明文の規定が存在するわけではないが、公務員に関する当然の法理として、公権力の行使または国家意思の形成への参画にたずさわる公務員となるためには日本国籍を必要とするものと解すべきであり、他方においてそれ以外の公務員となるためには日本国籍を必要としないものと解せられる。従って、お尋ねの場合も、日本国籍を必要とする旨の法の明文の定めがある官公職又は公権力の行使若しくは国家意思の形成への参画にたずさわる官公職にある者は、国籍の喪失によって公務員たる地位を失うが、それ以外の官公職にある者は、国籍の喪失によって直ちに公務員たる地位を失うことはないものと解せられる。」

ここに至り、政府・法制局は、外国人一般に対する公務員の任用上の基準として、「公務員に関する当然の法理」から導かれるものとして、「公権力の行使または国家意思の形成への参画にたずさわる公務員となるためには日本国籍を必要とする」という「当然の法理」を確立し、以降これが外国人を公務員に任用する際の運用上の基準とされることになった。

当時の統計によれば、在日朝鮮人として外国人のまま在職する一般職国家公務員八三名（一九五一〔昭和二六〕年一二月一日現在）、地方公務員一一二余名（一部未報告、一九五二〔昭和二七〕年一月三一日現在）が存在したが、平和条約発効当日の帰化手続きによる日本国籍取得者は五二名となっている（森田芳夫『在日朝鮮人処遇の推移と現状』一一六～一一七頁、法務研修所編、一九五五年）。

（4）日韓条約締結（一九六五〔昭和四〇〕年）以降

外国人公務員任用の基準たる「当然の法理」の確立を受け、人事院は、一九六七〔昭和四二〕年、人事院規則において国家公務員の採用試験における受験資格について国籍要件を定めた。また、地方公共団体についても旧自治省は一九七三〔昭和四八〕年五月「日本国籍を有しないものの職員への任用に」関する照会に対して、公務員第一課長回答（自治公1部第28号大阪府総務部長あて）において、「当然の法理」の拡大として「公権力の行使又は地方公共団体の意思の形成への参画にたずさわる者」は任用できないこと、さらにはそれらの「職に就くことが将来予想される職（一般事務職、一般技術職）の採用試験において」も受験資格を一般的に認めることは適当でないとした。

しかしながら、一九七九（昭和五四）年、政府は、国会議員による内閣への文書質問に対する総理大臣（大平政芳）の文書による答弁（同年四月一三日内閣衆質87第13号）において、（「当然の法理」は原則として地方公務員にも適用があるが）「公権力の行使又は公の意思の形成への参画にたずさわる地方公務員であるかどうかについては一律にその範囲を確定することは困難である。いわゆる管理職であるかどうかを問わず、地方公務員の任用にかかる職の職務内容を検討して、当該地方公共団体において具体的に判断されるべきものと考える」という見解を明瞭にした。

この答弁は具体的な適用における地方公共団体の自主的判断を許容したため、この後の地方における国籍条項撤廃の論拠を提供することとなった。他方、一九七五（昭和五〇）年のインドシナ難民の受け入れ問題に端を発した外国人処遇の新たな局面と、それに引き続く国際人権規約（一九七九〔昭和五四〕年）・難民条約（一九八二〔昭和五七〕年）の各発効といった国際社会からの新たな視点の導入は、それまで在日朝鮮人等を排除するための基準としての「当然の法理」に対して一定の転換を迫ることになった。これらにより郵便外務職員、看護職員など一定の職責について国籍条項が撤廃され、多くの市町村も国籍条項撤廃へと踏み切った。

そのような状況の中、一九九七（平成九）年、東京都の保健婦（当時の呼称）であった特別永住者の在日韓国人（原告・控訴人・被上告人）に対して東京都が管理職試験の受験資格を認めなかったことに対して、東京高裁が違憲とする判断を出し注目されたが、二〇〇五（平成一七）年一月二六日最高裁判所大法廷は被上告人敗訴の逆転判決を下した。

本判決は、外国人が、住民の権利義務を形成するなどの公権力の行使にあたる行為を行い、もしくは普通地方公共団体の重要な施策に関する決定を行い、またはこれらに参画することを職務とする「公権力行使等公務員に就任することは、本来我が国の法体系の想定するところではない」として、管理職選考の受験資格を認めなかった。この判決に対しては泉裁判官と滝井裁判官の反対意見がある。

泉裁判官の反対意見は、「特別永住者は、出入国及び難民認定法2条の2第1項の「他の法律に特別の規定がある場合」に該当する者として、同法の在留資格を有することなく日本に永住することができ、日本における就労活動その他の活動について同法による制限を受けない。そして、地方公務員法等の他の法律も、特別永住者が地方公務員となることを制限してはいない」。「特別永住者も、他の在留資格を持って在留する外国人住民も、変わるところがないといえるかも知れないが、当該地方公共団体との結び付きという点では、特別永住者の方がはるかに強いものを持っており、特別永住者が通常は生涯にわたり所属することとなる共同社会の中で自己実現の機会を求めたいとする意思は十分に尊重されるべく、特別永住者の権利を制限するについては、より厳格な合理性が要求される」というものであった。

滝井裁判官の反対意見は、「外国籍を有する者が我が国の公務員に就任するについては、国民主権の原理から一定の制約があるほか、一定の職に就任するにつき日本国籍を有することを要件と定めることも、法律においてこれを許容し、かつ、合理的理由がある限り、認めるものである。」「地方行政においては、国民による統治の根本への関わり方が国政とは異なることを考えれば、国民主権の見地からの当然の帰結として日本国籍を有するものでなければならないものとされるのは、地方行政機関については、その首長など地方公共団体における機関責任者に限られるのであって、その余の公務員の就任については、憲法上の制約はなく、立法によって制限しうるにしろ、立法を待つことなく性質上当然のこととして日本国籍を有する者に制限されると解すべき根拠はないものと考える。」というものであった。

また、日弁連は最高裁判決を受けて会長談話を発表し、「本判決がいう「公権力行使等地方公務員」とはそれだけでは必ずしもその範囲を明確にすることができないだけでなく、都が一律に管理職への昇任の途を閉ざしたことを是認することは、在日外国人、特に特別永住者の法の下の平等、職業選択の自由を軽視するものであると言わざるを得ない。」として、最高裁判決を批判した。

このように、最高裁判決は泉裁判官、滝井裁判官の反対意見にあるように法律に何ら制限規定がないのに、「公権力行使等地方公務員」というあいまいな概念で国籍差別を容認するもので、法治主義に反することは明らかであり、地方公共団体との強い結び付きを有し、通常は生涯にわたり所属することとなる共同社会の中で自己実現の機会を求めたいという特別永住者の意思を無視するものであって、多文化共生社会の観点からも、その正当性は認められない。

■参考文献

山田鐐一他、1997「国籍法（第三版）」法律学全集、有斐閣（平成九年）
大沼保昭、1993『出入国管理法性の成立過程』「単一民族社会の神話を越えて」東信堂
大沼保昭、1980『在日朝鮮人の法的地位に関する一考察（6・完）』「法学協会雑誌」九七巻四号
水野直樹、2000「治安維持法の制定と植民地朝鮮」
芦部信喜、1984「外国人登録制度と指紋押捺問題」ジュリスト№.826・一六頁
浦部法穂、1988「指紋押捺共生とプライバシーの権利」ジュリスト№.908・五一頁
崔紗華、2015「占領期日本における朝鮮人学校—学校の閉鎖と存続をめぐって—」早稲田政治公法研究　第一〇八号
森田芳夫、1955『在日朝鮮人処遇の推移と現状』「法務研究報告書」法務研修所編、第四三集第三号

第6章

多文化共生社会と調停制度、調停委員

大杉光子

1　統計から見る日本における外国籍者の状況

二〇二〇年一〇月現在で、日本の総人口（外国人も含む）は一億二三三九万九〇〇〇人、そのうち外国人人口は二七四万七〇〇〇人（二・二%）である[*1]。

図1は、毎年一二月末時点の国籍別在留外国人人口をグラフにしたものである。これを見ると、在留外国人は、この三〇年あまりで約二・五倍に増加していることがわかる。また、戦後直後から一九八〇年代前半くらいまでは在留外国人＝韓国・朝鮮籍者、すなわち戦争中に仕事を求めて渡日し戦後も様々な事情で帰ることができないまま日本に定住せざるを得なかった旧植民地出身者とその子孫であったが、一九八〇年代半ば頃から好景気や農村の「嫁」不足を背景として

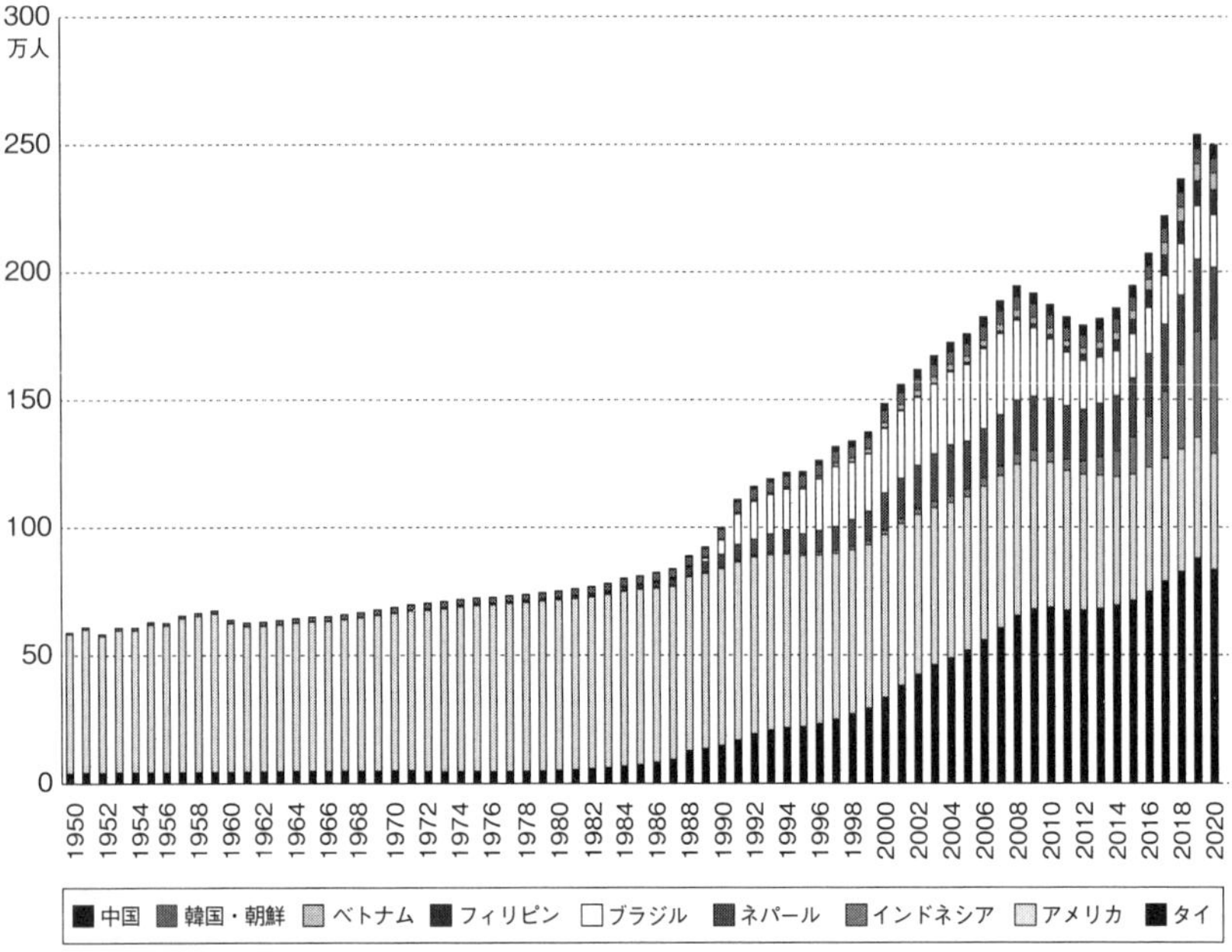

図1 国籍別在留外国人人口：1950 ～ 2020 年
「人口統計資料集（2022 年版）」表 10-1（国立社会保障・人口問題研究所）
https://www.ipss.go.jp/syoushika/tohkei/Popular/P_Detail2022.asp?fname=T10-01.htm
をグラフに加工したもの

外国人労働者、外国人「花嫁」という形でアジアからのニューカマーが増えるようになった。そして、一九九〇年代からはブラジルなどの日系人が外国人労働者として多く招呼されるようになり、さらに二〇〇〇年代以降はベトナム、フィリピン、中国、インドネシア、タイ、ネパールなどのアジア諸国からの技能実習生等が増加している。こうして、韓国・朝鮮は一九九一年の約六九万人をピークとしてその実数が減少を続ける一方、中国（このグラフでは、台湾、香港およびマカオを含む）やフィリピン、ブラジル等のニューカマー

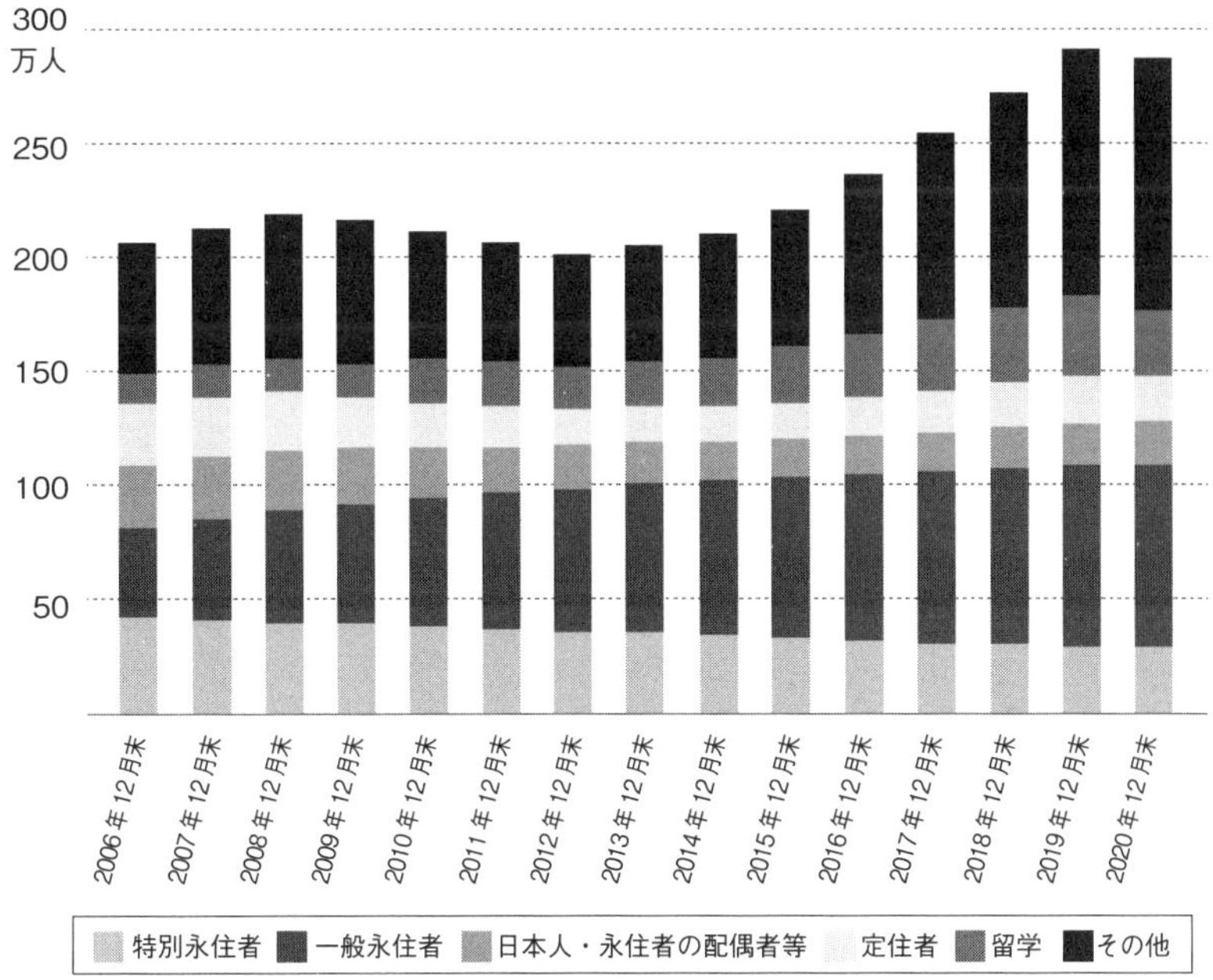

図2 在留資格別在留外国人人口
「在留外国人統計（旧登録外国人統計）（2006年～2020年12月）」（出入国在留管理庁）より作成
https://www.moj.go.jp/isa/policies/statistics/toukei_ichiran_touroku.html

が増えていき、二〇〇七年には韓国・朝鮮と中国が逆転、二〇二〇年には韓国・朝鮮とベトナムがほぼ同数となるに至っていることがわかる。

図2は、毎年一二月末日時点の在留資格別在留外国人人口をグラフにしたものである。これを見ると、特別永住者（一九五二年のサンフランシスコ講和条約発効によって一方的に日本国籍を離脱したとされた旧植民地出身者とその子孫に付与される在留資格）は減少している一方、一般永住者は年々増え続けて二〇一五年以降は特別永住者の倍以上となっている。特別永

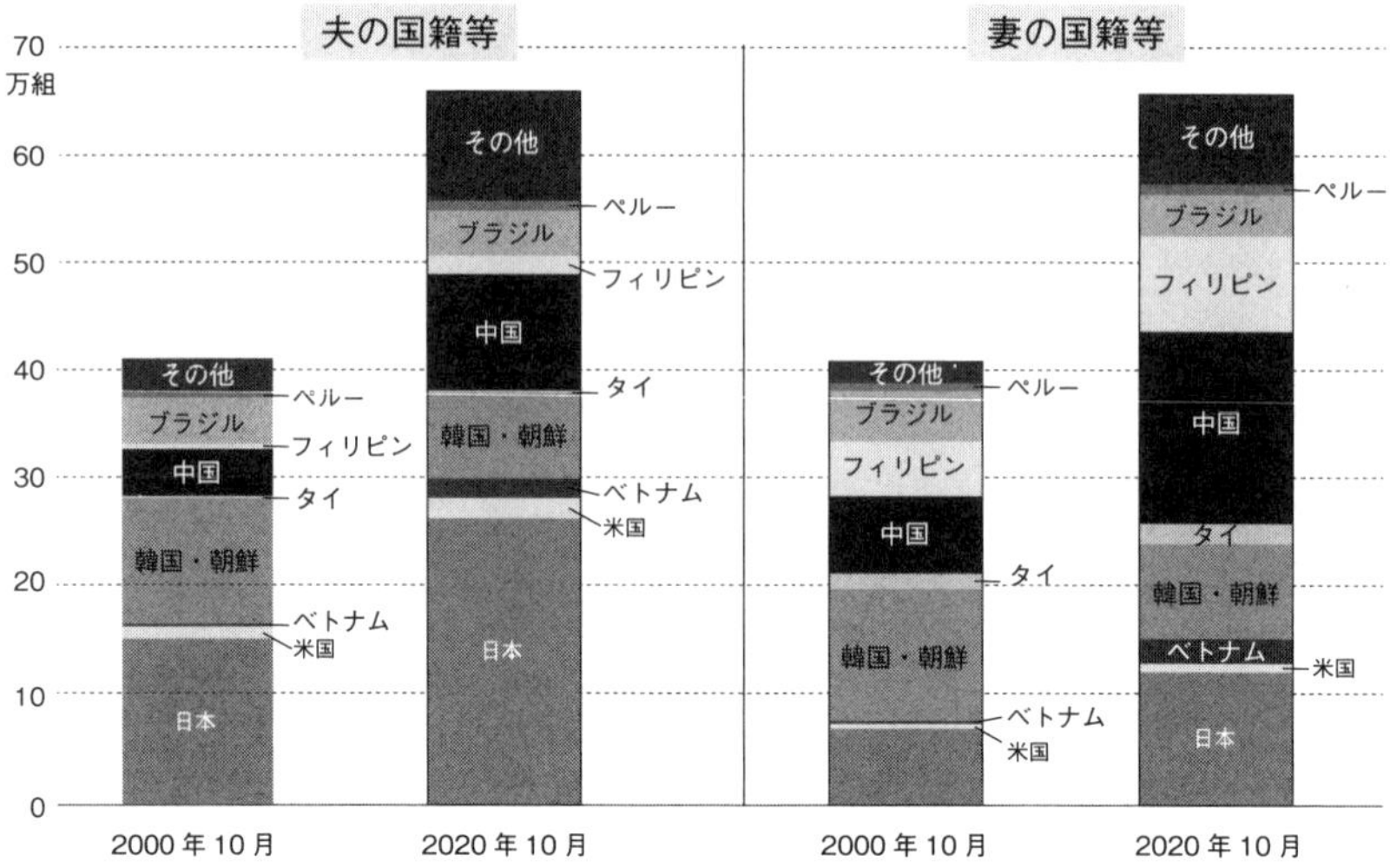

図３　夫の国籍・妻の国籍別夫婦数
平成 12 年国勢調査 外国人に関する特別集計結果 夫の国籍、妻の国籍別夫婦数 - 全国、
令和２年国勢調査 人口等基本集計 夫の国籍、妻の国籍別夫婦数（一般世帯）- 全国 より作成

住者についてて割合のみならず実数が減少しているのは、帰化による日本国籍取得のほか、日本人との結婚によって生まれた子どもたちは出生時から日本国籍を持っていることが影響しているのであろうと思われる。「その他」には、専門的・技術的分野での就労を目的とする在留資格や技能実習などが含まれており、この一〇年あまりで倍増していることがわかる。

図３は、夫婦の一方または両方が外国籍である夫婦の数をグラフにしたものである。これを見ると、国際結婚が増えていること、特徴なこととして妻の国籍に占めるアジアの割合が夫の国籍に占める割合と比べて高いこと等がわかる。ちなみに、二〇二〇年国勢調査によれば、夫

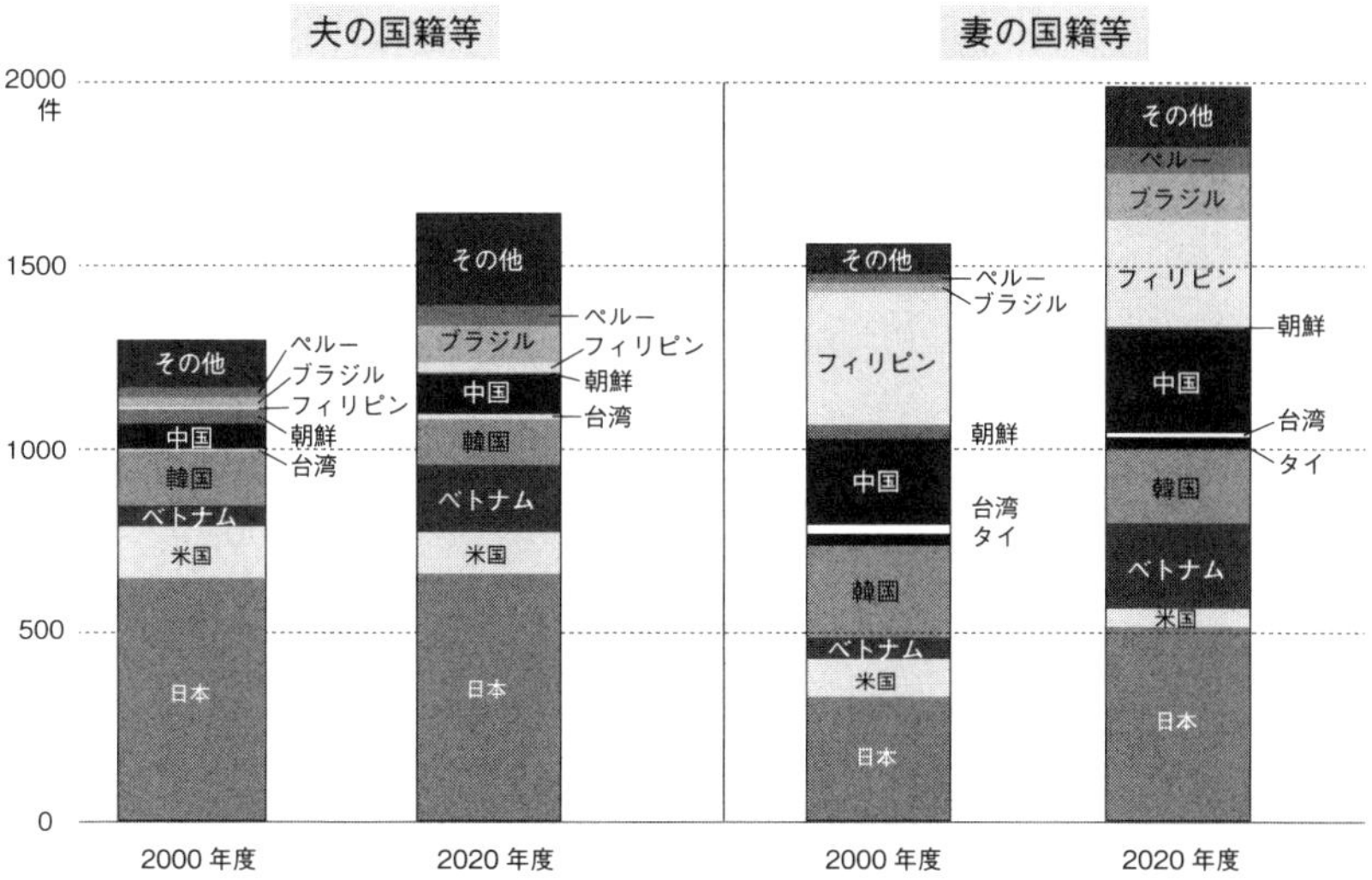

図４　婚姻関係事件数（渉外）
司法統計　家事事件編（2000 年、2020 年）より作成
https://www.courts.go.jp/app/files/toukei/529/005529.pdf
https://www.courts.go.jp/app/files/toukei/265/012265.pdf

婦総数二八八七万五五四一組、夫婦の一方または両方が外国籍である夫婦数六五万二九七七組であるので、夫婦の総数に占める一方または両方が外国籍である夫婦の割合は二・二六％である。

このように、日本に在留する外国人は増加傾向にあり、その国籍は多様化するとともに、日本で家族を形成し、永住者や定住者等を含めて日本に定住する人々も増えているのである。

2　調停事件における外国籍者

定住するということは、住居を構え、家族を形成し、働き、学び、ものを買い、サービスを利用するなどして生活するということである。生活していれば、その過程で何らかのトラブルに巻き込まれるなどして紛争解決が必要になってくることがあり得る。

たとえば、図4は、夫婦の一方または両方が外国籍である婚姻関係事件（夫婦関係調整、婚姻費用分担等の婚姻中の夫婦間の紛争一切を対象とする審判・調停事件）数の件数をグラフにしたものである。これを見ると、国際結婚の増加に伴って、当事者が外国籍者である審判・調停事件が増えていることがわかる。

民事調停事件については、婚姻関係事件のように当事者の国籍に関する統計が見当たらないために件数は明らかではないが、在留外国人の増加に伴って、外国人が当事者となる事件も増えているものと思われる。

3　多文化共生社会の観点から見た外国籍者が調停委員となる意義

調停とは、当事者の互譲により、条理にかない実情に即した解決を図るための制度である。

調停事件において外国人が当事者となる場合、事件によっては、当事者の主張や言い分を理解し、当事者双方の互譲による合意形成を支援するためには、外国人であるがゆえに置かれた立場や背景となる独自の歴史や文化などについての理解が有益となることがあり得る。特に、家族関係を扱う家事事件においては、そういう場合は多くあると思われる。

それゆえ、調停委員として外国籍者が関与することによって、外国籍当事者の互譲による合意形成に資することにつながることは多いと思われる。夫婦関係調整調停事件について、通常、調停委員が男女ペアで関与することによって男性の視点と女性の視点の両方を取り入れようとしていることと同様に、当事者に即した多様な視点は有益であろう。

もっとも、これは、外国籍当事者の調停事件については同じ外国籍を持つ調停委員が担当するべきというような狭い意味ではない。外国籍者が調停委員となって同じ調停委員の立場で他の調停委員と交流することによって、外国籍者としての視点を提供し、調停委員という集団の中に多様な視点が獲得、共有されることが望ましいと考えられる。

そして、外国籍を持つ調停委員が同僚として存在することは、調停委員のみならず、裁判所でともに働く裁判官やその他の裁判所職員にとっても、外国籍者を当たり前に存在する仲間として意識する契機にもなると思われる。

また、様々な場で疎外されがちな外国籍当事者にとっては、調停委員として外国籍者が存在するという事実が、調停という場が自分も平等に受け容れられる場であるという思いにつながり、それが調停制度に対する信頼を醸成することにもつながり得る。

もちろん、外国籍者が障壁なくあらゆる職域・職種に就くことができ、対等に活躍できるということ自体が、平等を目に見える形にするものであり、多文化共生社会の土台となるものである。

このように、外国籍者が調停委員となることには、多文化共生社会の観点から積極的な意義がある。

■注

1　総務省統計局「令和二年国勢調査結果　結果の概要」

第4部　最高裁に採用拒否された弁護士たち

第1章

憲法、国際人権法と公務就任権

申惠丰

日本人、外国人とはどういう存在か

本日のテーマは、外国人だと調停委員になれないという問題ですが、最初に、「外国人」「日本人」という区別について考えてみたいと思います。日本国籍を持つ人が日本人で、日本国籍を持たない人が外国人というのが簡単な定義になります。他方で、人が日本国籍をもつかどうかは、日本の法律である国籍法によって決まる事柄ですから、「外国人」と「日本人」の違いは、実は、国籍法次第で変わりうるものです。

日本は国籍法上、原則として血統主義を取っています。つまり、親の国籍を子どもが受け継ぐというのが基本です。外国籍の者は、どれだけ長く日本に何十年も住んでいようと、また、子どもが生まれて、二世、三世、四世といった代になろうとも、帰化という形で後天的に国籍を取らない限りは、いつまでも外国人のままというのが基本的な在り方になっています。国籍の取り方において血統主義と対照的なもう一つの主要な形が、出生地主義です。アメリカなどがそうですが、アメリカで生まれればアメリカ国籍のアメリカ人ということになります。

このように、国によって国籍法の制度は大きく異なります。日本の場合は、日本で生まれ育った人であっても、生まれたときに日本国籍にならなければ、帰化しない限りいつまでも外国人扱いということになります。しかし、日本の国籍法がもしアメリカのような出生地主義であれば、日本で生まれた人は皆、とうの昔に日本人になっているはずなのです。まずは、こうした、血統主義と出生地主義の違いを押さえておく必要があります。「外国人の人権」について語るときには、そもそも、誰が「外国人」とされているかという、出発点のところで、血統主義をとる日本の国籍法があるということを踏まえることが必要です。

加えて、重要な留意点として、日本の法律やその運用も、時代によって変わってきている、ということがあります。その結果、「日本人」と「外国人」の境界は、実は大きく動いているのです。例えば、旧植民地である朝鮮半島や台湾の出身者は、植民地時代は日本国籍を持っていました。しかし、戦後、日本と連合国が結んだサンフランシスコ平和条約が発効したときに、条約自体には何の規定もないのに、日本政府の一方的な解釈と内部通達によって、元植民地出身者は日本国籍を失う扱いにされました。これらの人々は、一夜にして、「日本人」から「外国人」に変わったということです。この国籍剥奪は、日本軍兵士として出兵させられた旧植民地出身者が、戦後、日本国籍がないとして恩給法や援護法の適用外となった、といったように、様々な国籍条項の問題につながっていきます。

二つ目の例ですが、一九五〇年に新憲法の下で現在の国籍法が公布される前の国籍法では、外国人男性、例えば韓国籍の男性と結婚した日本人女性は、日本国籍を失いました。本人の意思に関わりなくそういう扱いでした。私の親戚にもそのような方がいて、その女性は日本人ですが、韓国籍の男性と結婚した結果、韓国籍になり、本人の意思に全く関わらず、選挙権も持ちませんし、韓国人としてずっと日本で暮らしているという状況です。けれども、これは今の国籍法であればそんな必要はないわけで、あくまで当時の国籍法の扱いはそうだったということになります。

三つ目の例。戦後いろいろな人権条約ができましたが、その一つに女性差別撤廃条約というものがあります。日本も一九八五年に批准しましたが、この条約の中には、子どもの国籍に関する男女平等という規定があります。生まれた子どもの国籍について男女平等な扱いをしなければいけないという規定です。日本の国籍法は、このときまでは、父系（男系）の血統主義でした。つまり、父親が日本国籍のときだけ子どもは日本国籍になった。これは男性のほうを優遇する国籍法ですので、この条約に引っかかるということになったため、日本は国籍法を改正して、両系の血統主義にしました。ですから、現在は、父または母――もちろん両方であれば全然問題ないですが――少なくともどちらか一人が日本人、日本国籍であれば、生まれた子は日本国籍になります。現在では国際結婚が増えていますから、これも日本社会に大きな変化を与えています。

このように国籍法も年々変わってきています。さらにもう一つ例を挙げます。

二〇〇八年に最高裁は、当時の国籍法の規定が憲法違反であるという判決を出しました。フィリピン人女性と日本人男性から生まれた一〇人の婚外子が、国に対して日本国籍の確認を求めた訴訟でした。この方たちも、親が結婚した状態で生まれていれば、両系血統主義で日本国籍が取れたはずですが、婚外子として生まれたために、生まれたときに父または母が日本人、という要件を満たしていませんでした。出生後に日本人の父が自分の子だと認知をして、日本人父との血統関係は明らかであるのに、出生時要件に当てはまらないので国籍を取れなかったのです。これは婚外子への差別であるとして、子どもたちが国籍確認訴訟を起こしたところ、最高裁は、あくまでも両親が結婚していなければ子どもの国籍が認められないという国籍法の規定は、法の下の平等を定める憲法に違反するとしました。

この判決の後すぐに国籍法が改正されて、父母が結婚していない婚外子で、生まれた後に日本人父に認知された人であっても、届出だけすれば日本国籍を認めてもらえることになりました。この例を見ても、国籍法が改正される前は「外国人」扱いだった人が、国籍法が変わって一気に

「日本人」になったわけです。国籍法が変わることに伴って、「外国人」と「日本人」の境界が動いているということなんです。日本人か外国人かというのは、未来永劫変わらない、きっちりした区別ということではなくて、法律が変われば変わる、相対的なものだということをまず理解する必要があります。

とりわけ日本は、過去に植民地を持ち、その植民地出身者の国籍を剥奪してきた歴史があります。実際に調停委員就任を拒否された方たちも、そのような旧植民地にルーツを持つ方たちの子孫である方が多いわけで、日本の植民地支配とその後の国籍剥奪という歴史的背景を持っています。国籍がないというだけで外国人だと一くくりにして扱って、日本人と絶対的な違いがあるかのように見るのは適切ではないということになります。まずこの点を押さえておきたいと思います。

その上で、日本における外国人がどういうかたちで存在しているかという態様を整理しておきますと、大きく分けて三つのカテゴリーに分かれるかと思います。

一つ目は、永住者や定住者です。旧植民地出身者とその子孫で、歴史的背景があるために入管特例法で特別永住資格が認められている特別永住者や、入管法の別表第2にいう、より一般的な永住資格のある永住者、日本人の配偶者という形で在留している外国人の方などがいます。定住者という資格もあり、難民認定を受けた方などがこの在留資格を得ることになります。これが一つ目のカテゴリーで、いずれも、長期ないし永住的に日本に住んでいる、日本と最も深いつながりをもっている人たちといえます。

二つ目が、その他の正規滞在者。正規滞在というのは、入管法上の資格を持っているという意味で、これは入管法の別表第1で定めています。例えば教育とか、技術とか、留学といった在留資格を取って、認められた在留期間で日本に在留している人ということになります。この場合は在留資格に応じた在留活動が認められるわけで、それに応じた活動制限があります。

三つ目が、一番法的には立場の弱い方たちで、非正規滞在者となります。入管法違反の存在であるという意味で不法滞在と言われることもありますが、不法滞在というとまるで刑法違反の犯罪をしているかのようなイメージがありますので、研究者の多くは非正規滞在という言葉を使っています。何らかの理由で在留期間を超過して残留しているなど、正規の在留資格を持たない人たちです。

これが三つのカテゴリーということになります。

外国人の公務就任権という問題は、主に一つ目のカテゴリーである、日本と深いつながりを持って定住ないし永住している人々の問題と位置づけることができます。これらの人たちは、日本国籍こそないけれども、特別永住者や永住者といった在留資格を持って永住していて、就労を含む在留活動には基本的に制限はない、どんな仕事でもできるという人たちです。けれども、公務からはほぼ排除されている。

よく問題を理解してない人から出る発言として、「帰化すればいいじゃないか」「日本国籍さえ取れば日本人と同じく何でもできるんだから、国籍を取ればいいじゃないか」というものがあります。これは、的外れなものであると私は考えています。帰化というのはあくまで法務大臣が与える許可であって、前述したフィリピン人と日本人の婚外子の方が、法改正後は届出だけで国籍を取れるようになったということとは違います。届出というのは届ければもらえるわけですけども、帰化は許可をお願いするわけで、法務大臣の判断で許可が出るかどうか分からないわけです。

また、歴史的背景を見た場合、特別永住者は、元は日本国籍だった人たちとその子孫です。日本の植民地政策の結果、日本に連れてこられた、ないしは渡ってきた人たちで、国籍は一方的に日本から奪われてしまった。特別永住者の立場からすると、届出だけで国籍を取れるのであれば取ってもいいが、帰化という形をとってまでしたくないという方は結構いらっしゃるのではないかと思います。

自ら許可を求めなければいけないということはもちろん、手続も大変に煩雑です。ものすごい種類と量の書類を出さなければいけなくて、時間もかかります。かつては行政指導もあって、日本人らしい日本名にせよと――法的な要件ではありませんが――言われることがありました。自分の名前を捨てて日本人らしい名前にして帰化しなければいけない。それはしたくない、と考える人がいても自然です。本人のアイデンティティにも関わる問題ですので、帰化はしたくないという方が多くいるというのは、それは十分理解できることではないかと思います。

今現在、調停委員はじめいろいろな公職から外国籍の方が排除されている。これは差別の問題、人権問題として論じる必要があって、排除されている本人に、あなたの属性を変えればと迫るのは筋違いの話です。「帰化すればよい」云々というのは、そもそもの法制度上のいろいろな問題を看過した言い分であって、自分の国籍を変えたくない人がいるという現状の上で、では日本の法と運用をどうすべきなのかという、そちらのほうの話をしなければなりません。

国籍の有無と差別

日本で国籍の有無による公的な国籍差別にどういうものがあるか。国は「区別」だと言うのでしょうが、ここで挙げるものは、国や自治体による取扱いの区別でその正当性が疑わしいものという意味で、「差別」と整理しています。

法令上、明文で定められているものとしては、戦後補償関係では、援護法や恩給法などに国籍条項があり、元日本軍の日本兵で植民地出身者などは一貫して排除されています。公務関係では、人権擁護委員、民生委員、児童委員などは、法令上、外国籍の者はなれないとなっています。

調停委員問題は、法令上の根拠があるわけではなくて運用の問題です。運用ということでいいますと、例えば生活保護が外国籍の者にも適用されているのは、あくまで準用されているだけです。権利としてあるわけではなくて、準用されているだけ、運用でそうなっているというものです。

公務関係では、国家公務員の一般職や、民事調停委員、家事調停委員、司法委員。それから地方公務員、これは門戸が広がりつつありますが、管理職にはなれない。公立学校の先生については、文科省の通達があって、常勤講師にはなれるが、主任のような上の地位にはなれない。こうした法令上の明文の根拠がないものがどれだけあって、どのような正当性があるかということが今日のテーマになっていきます。

公務就任権については、「当然の法理」というものが今までずっと言われてきました。これは内閣法制局の見解です。法的に明文の規定があるわけではなくて、そういう法理があるということが表明されたものです。国家公務員については、公務員に関する当然の法理として、公権力の行使または国家意思の形成の参画にたずさわる公務員になるためには、日本国籍を必要とするものと解すべきである、という内閣法制局の見解です。

これが、当然の法理＝当然そういうふうに考えるものなのだという形で全面に打ち出されて、それを人事院規則に具体化するような形で運用がされてきました。国家公務員試験はこれによって受けられないという形になっています。

「当然の法理」については、憲法学説でも疑問が呈されています。例えば、憲法学の通説的見解とされる芦部信喜教授の教科書では、公権力の行使とか国家意思の形成への参画という基準は、広範で抽象的過ぎるという批判がされています。そんな風呂敷の大きい議論ではなくて、より限定的・具体的な基準を設けて決めるべきであるし、少なくとも定住外国人（特に特別永住者）には、広く公務就任権への道を開くことを考慮すべきであると論じています。

この辺りが、考え方として一つの鍵になると思います。具体的な基準を作るということと、それから、外国人といってもいろいろな人たちがいるでしょう、ということです。前述の類型化したカテゴリーにもありますが、日本に定住ないし永住しており、その中でも特に、歴史的背景を持って住んでいる特別永住者のような存在については、一律に外国人といって排除することは許されないだろうという考え方です。

公務就任権を憲法上の人権問題として見た場合、差別を受けない平等の権利という平等権の問題もありますし、職業選択の自由ということにも関わってきます。どういう仕事をして生きていくかということは、人生にとても深く関わる大事な事柄です。職業を通じて自分の夢を実現したり、自分の人格を発展させたりということにも関連してきます。公務といってもいろいろな公務があり、そこで成し遂げられる仕事というものがあるわけで、憲法上の職業選択の自由にも深く関わっているということです。

地方公務員に関しては、徐々に門戸が広がってきている現状があって、これはとてもよいことです。

一九七三年に、当時の自治省の見解で、「地方公務員の職のうち公権力の行使又は地方公共団体の意思の形成への参画にたずさわる職に就くことが予想される職については、一般的に日本国籍を持たない者に受験を認めるのは適当ではない」というものが出されて、これが試験要項などで具体化された形になっています。

その一九七三年、兵庫県の尼崎市、西宮市などで、全国の自治体ではじめて地方公務員（市職員等）の国籍条項を撤廃しました。翌年には、六人の採用者が誕生しています。各自治体で、この自治省見解に引っかからないと判断したものについては広げるところが出てきています。一九八六年には、自治省自ら、看護婦・保健婦・助産婦について国籍条項を撤廃しました。また、一九九六年には川崎市が、政令指定都市としてはじめて門戸を広く開きました。実際の川崎市の職務にどれだけ公権力の行使が関わるかを分類したところ、三〇〇〇を超える職種で特に公権力の行使には関わっていないということが分かり、それらについて外国人に就任資格を認めたのです。この一九九六年には、当然の法理に立ちつつ、その解釈は自治体に委ねるということを自治大臣が表明し、各地で国籍要件の撤廃が続いていきます。当時の橋本大二郎高知県知事は、そもそも法律に当然の法理なんてことは書いていないのに、そういう考え方を無理に規範にするのは法治主義の原則に反する、ということを朝日新聞のインタビュー記事で答えています。

こういう形で、自治体では徐々に門戸が開いていったのですが、他方で、地方公務員の管理職昇任については制限があります。これは裁判になったケースですが、東京都の保健婦で特別永住者であった鄭香均さんが、課長級の管理職を受験できなかったという事件がありました。彼女は非常に能力があるということで、管理職試験を受けてみればと上司から勧められたところ、実際には受験ができず、裁判になったのですが、最高裁は鄭さんの訴えを退けました。

このときに、新しく「想定の法理」というのが打ち出されました。公権力を行使するような地方公務員には、国民主権原理に基づいて原則として日本国民が就任することが想定されているというものです。「当然の法理」よりは若干柔軟になったかもしれず、「原則として」と言っているところから、どういう外国人かによって門戸を広げる余地があるということが、読み取れるかもしれません。

鄭香均さんは、実際に特別永住者でしたので、まさに原則として外国人はダメだというのが当てはまらない、むしろ日本国籍の者と同じく扱うべき方だと思うのですが、裁判では負けてしまった。ただ、このときに、泉徳治裁判官が反対意見を書いていて、鄭さんは特別永住者であって憲法上の法の下の平等や職業選択の自由を保障されていること、職業を選ぶ自由は自己実現という人格権的側面を持っていること、に触れています。特別永住者というのは、一定の背景をもって日本にずっと住んでいる人で、そういう人たちは自治体の自治の担い手であるということも言っています。自治体職員となることを制限するには、よほど厳格な理由がなければ制限できないはずだという考え方を示しています。とても大事な反対意見だと思います。

もう一人、滝井繁男裁判官もこの事件で反対意見を書いています。鄭さんのお母様は日本人なんです。ただ、お父様が朝鮮籍だったので、昔の国籍法の関係で本人の意思とは関係なく韓国籍になっていた。そうした背景からすれば、このような特別永住者について、その資質に問題があるわけではなく、ただ国籍のみによって門戸を閉ざすというのは格別に過酷な意味を持っている、と指摘しています。

これは教員などについても言えると思うのですが、保健婦なり教員なりに一応なれることはなれるけれど、どんなに頑張っても能力があっても管理職にはなれないと最初から門を閉じられているというのはどれほど残酷か。頑張れば上に行けて、人を率いる立場になれる、そういう希望があるというのは、働く上での一つの大きな張り合いではないでしょうか。そういう意味合いが滝井裁判官の指摘には含まれています。

調停委員への採用拒否問題

まず、調停委員とはどういう仕事をするのか、ということを見ておきたいと思います。これについては、裁判所のビデオがあります。「民事調停とは何か」という五分ぐらいのビデオですが、以下はそのビデオから文字起こししたものになります。

民事調停は、話し合いによって争いの実情に応じた柔軟な解決を図る手続きです。中立人や相手方の言い分を、裁判官と調停委員で構成される調停委員会が聴き、歩み寄りを促し、解決案を提示するなどします。

調停委員は、一般市民の良識を反映させるため、豊富な社会経験や専門的知識を持つ人の中から選ばれます。

民事調停では、例えば、金銭の貸し借り、交通事故の損害賠償、近隣関係といった民事に関するトラブルについて、解決を目指すことができます。なお、離婚や相続などの家庭内のトラブルについては、家庭裁判所が取り扱っています。

民事調停のメリットとして、次の点が挙げられます。１「裁判」と言われる訴訟と比べて手続きが簡単です。２ 当事者双方が話し合うことが基本なので、実情に合った円満な解決を図ることができます。３ 訴訟と比較して、中立費用が安く済みます。４ 比較的短い期間で問題を解決できます。

では、簡単に手続の流れを見てみましょう。Ａさんは、Ｂさんにお金を貸しましたが、返してもらえません。そこで、Aさんは民事調停を申し立てることにしました。裁判所では、調停が申し立てられると、通常、裁判官一人と調停委員二人からなる調停委員会が構成され、調停期日が指定されます。また、調停期日に当事者に来てもらえるよう、当事者双方に期日をお知らせします。

調停期日当日になりました。調停委員会は当事者から事情を聴きます。申立人のAさんは、「早く返済してください」と言っていますが、相手方のBさんは、「もらったお金なので、返すつもりはありません」と言っています。Aさんは、「三月三日に返済する約束をしました」と言っていますが、Bさんは、「そんな約束はしていません」と言っています。調停委員会は、当事者双方の意見を聴き、当事者がお互いに納得できるような解決案を考え、提示します。

AさんとBさんに対して、返済期日や返済額をポイントとした解決案を提示しました。調停委員会が提示する解決案に双方が合意すれば、調停成立となります。調停が成立すると、裁判所書記官は合意が成立した内容を調停調書に記載します。調停調書に記載された内容は、確定した判決と同じ効力があり、この調書に基づいて強制執行を行うこともできます。

また、両者又はどちらかが納得できず、合意に至らなかった場合は、裁判所が、適当と認める解決の内容を示す「調停に代わる決定」又は「調停不成立」で調停は終了します。

民事調停制度について御理解いただけましたでしょうか？　民事調停では、通常、申立てがされてから二、三回の期日が開かれ、おおむね三か月以内に調停が成立するなどして事件が解決しています。

これが民事調停に関する解説になります。もう一つ、家事調停についても裁判所のビデオがあります。その最初の部分から抜粋したものが以下になります。

家事調停とは、離婚などの夫婦間の問題や相続などの親族間の問題といった、家庭に関する紛争を話合いによって解決しようとする制度です。家事調停は、原則として調停委員会によって進められます。裁判官一名と通常男女一名ずつの調停委員の合計三名で構成される調停委員会が、当事者双方から事情や意見を聴いて、双方が納得の上で話合いにより問題を解決することができるように、援助や働きかけをします。

家庭裁判所では、裁判官のほかに、裁判所書記官、家裁調査官、医師である裁判所技官などが調停に携わっています。

調停について、裁判所のホームページではこのように説明しています。調停というのは、私人間の紛争を解決するために調停委員会が仲介して、当事者間の合意を成立させるための手続であって、裁判官または調停官がメンバーとなって、当事者双方の話合いの中で合意を作っていく手続であるということになります。

どういう人が調停委員になるかといいますと、調停に一般市民の良識を反映させるために、社会生活上の豊富な知識経験や専門的知識を持つ人の中から選ばれています。原則として四〇歳から七〇歳の方で、弁護士、医師、大学教授、公認会計士、不動産鑑定士などの専門家のほか、地域社会に密着して活動してきた方などから選ばれていますということが説明されています。

ここに述べられている、社会生活上の知識が豊富にあって、ないし専門的な知識がある他分野の方々ということにおいて、外国籍であることが果たしてどれだけ障害になるかということですね。外国籍で何の問題があるだろうか、という疑問が生じてきます。日本社会は今現在、ますます多様化しています。国際結婚も非常に増えていますし、人口でいうと約三〇〇万人の外国籍の方が暮らしています。家族関係も多様化・国際化しています。民事調停、家事調停という調停制度において、外国籍の弁護士が調停委員になるということは、メリットこそあれ、なんら制度の趣旨に反するものではないと考えられると思います。むしろこのような方たちが参加することが、調停制度の趣旨目的に合うと考えられるのではないでしょうか。

これを国際人権法の観点から見るとどうなのかということをお話ししていきたいと思います。主に日本が批准している様々な国連人権条約に照らして見ていきますが、特に人種差別撤廃条約や、国際人権規約の社会権規約・自由権規約が関わってきます。

人種差別撤廃条約の下では、条約委員会が日本の調停委員からの外国籍の人の排除について実際に勧告を出していますので、まずこれについて詳しく見ていきたいと思います。

人種差別撤廃条約は、人種差別の定義として、1条でこう定めています。人種や皮膚の色、世系、民族的・種族的出身（national or ethnic origin）に基づく排除であって、あらゆる公的生活の分野での平等を妨げ又は害するもの。ここでポイントの一つは、公的生活（public life）という言葉で、自宅のような純粋に私的な場所、私的な事柄以外のものが全て公的になります。例えば、会社で働くこととか、職業に関することは全て公的生活の分野に入ると理解されています。

国籍のある者とない者との区別ですが、この条約の1条2項では以下の規定があります。市民でない者、これは直訳で英語では non-citizens ですが、意味としては国籍を持たない者ということになります。締約国が市民と市民でない者との間に設ける区別や制限については、この条約を適用しないと1条2項は規定しています。これは、主に選挙権のようなものを念頭に置いています。人種差別撤廃条約1条で人種差別の定義がされ、幾つかの国から、自国民である人と自国民ではない人との間に投票できる権利などについて差があるが、それも違反になってしまうのかといった発言があり、それはそうではないということで、こういう規定が置かれたのです。国民と読み替えると分かりやすいですが、自国民と、国籍のない者との間に国が設ける区別、制限については、この条約は適用されないという規定です。

ただ、外国籍の人について一律にこれを機械的に当てはめて、外国籍だから排除されるのだと広く理解してしまうと、逆にこの条約でなくそうとしている差別にあたる、人権問題になるという懸念が生じます。

人種差別撤廃条約で設置されている人種差別撤廃委員会は、1条2項について、これは選挙権のようなものにしか関わらないのであって、そのほかの公務につく権利については、むしろ差別なく平等に扱うべきだという内容の勧告を出しています。人種差別をなくすのがそもそもこの条約の趣旨なので、その趣旨に照らして、1条2項の射程は限定的に解されるということです。

また、この条約は5条では、公務に携わる権利を規定しています。5条はかなり長い規定で、様々な権利の享有にあたって、全ての者の法律の前の平等を保障することを国に義務づける規定です。政治的権利については、5条（c）に、以下の規定があります。政治的権利、特に普通・平等の選挙権に基づく選挙に投票すること。また、立候補することだけではなく、「国政及び全ての段階における政治に参与する権利」、「公務に平等にたずさわる権利」も入っています。

この5条（c）をどう読むか。先ほどの1条2項の規定が置かれたように、選挙については自国民のみに限るということが了解されているとすると、投票に関する5条（c）の規定は、同じ国籍を持つ人の中で、民族的出身（national origin）——元は何々人で、帰化した人といった——によって選挙権の付与や行使において差別があってはいけないということを保障していることは明らかでしょう。加えて、公務に携わる権利については、委員会の勧告の中で、non-citizens＝国籍がない人についても、特に長期在留をしている人には平等に認めるべきであるという考えが示されています。ですので、選挙権と公務就任権というのは一緒くたに考えることはできず、少し細かく丁寧に見ていく必要があるということになります。

それから、5条（e）は、経済的、社会的及び文化的権利、特に労働の権利や職業の自由な選択の権利を明記しています。労働の権利というのは経済的、社会的な権利ですけれども、人は働いて生きる中で人格的な自己実現をするということもありますので、いろいろな人権と絡んでいる権利です。職業を自由に選ぶということも、その人の自己実現にも関わっている重要な人権です。この5条（e）は、国が全ての人に平等にこれを保障するということも求めているのです。

こうした条約の規定をどう解釈するかということですが、人種差別撤廃条約のような人権条約では、条約に入ると入りっぱなしではなく、フォローアップの制度があります。国連のヨーロッパ本部があるスイスのジュネーブに、人権高等弁務官事務所という、国連の人権部門があります。ここが事務的なサポートをして、人権条約についての報告制度を運用しています。

人権条約に入った国は、どうやってその条約を国内で守っているかということを報告しなければいけない。どこに報告するかというと、各条約で作られている委員会です。人種差別撤廃委員会、社会権規約委員会、自由権規約委員会、子どもの権利委員会など、国連の人権条約では全ての条約にそれぞれ委員会が置かれていて、そこに各国が出した報告書を対面で審査します。各国が自国の人権条約実施状況――こういう法律を作りました、こういう判決が出ましたといったこと――を報告して、委員会の委員と質疑応答する。その結果、委員会が、おたくの国にはこういう問題がありますといったことを懸念として述べたり、このような措置をとるべきであるといった勧告を出したりする。これが報告制度というものです。

この報告制度において、各条約の委員会が出すもの中に、「一般的意見（一般的勧告）」というものがあります。人種差別撤廃条約の場合は一般的勧告という名前です。人権条約の委員会が、報告制度を運用する中で出てきたいろいろな問題点について、全ての締約国に対して、委員会としての立場を示すものです。

人種差別撤廃委員会は、市民でない者（non-citizens）に対する差別というテーマで、一般的勧告第30というものを採択しています。原文は英文ですが、日弁連のウェブサイトなどで翻訳が出ています。

人種差別撤廃条約1条2項は、市民と市民でない者との間に国が設ける区別や制限については、この条約は適用しないとしていますが、それをあまり拡大解釈すると、何でもかんでも外国人を排除することになり得ます。人種差別は、見た目とか、肌の色とかの違いと、国籍の違いという、その要因が分かちがたくミックスされた形であらわれることがよくあります。見た目だけでは国籍が分からないことも多いですし、見た目による差別もあれば、国籍が分かった途端に差別するということもある。国籍による差別は、この条約でなくそうとしている人種差別に当たることも実際にあるので、1条2項をあまり広く解釈すると、条約の意味がなくなってしまう。

それで、委員会は一般的勧告で、この規定は人種差別をなくすという目的を害しないように解釈しなければいけない、ということを言っているのです。こういう規定があるけれども、世界人権宣言とか、国際人権規約、最も基本的な国際人権法の文書が認めている人権をこの規定でもって狭めるような解釈をしてはいけませんと注意喚起しています。

政治的権利に関する5条（c）についても、委員会は勧告でこう言っています。投票や立候補によって選挙に参加する権利は自国民に限定することができる。しかし、人権は原則としてすべての人が持つべきものであり、従って、国は政治的権利の分野においても、自国民とそうでない者との間で平等を保障する義務を負う。自国民ではない人に認めなくてもいいものを、委員会は限定的に解していて、選挙権と立候補の権利ぐらいなのです。原則は、人権というのはすべての人が持つべきものなので、もともとの条約の趣旨を害しないように解釈しなければいけない、ということを言っています。

そして、市民権（citizenship）――ここの文脈では国籍と同じと読んでよいですが――国籍や在留資格に基づく取扱いの違いは、この条約上、次の場合には差別になると言っています。国籍が違うとか入管法上の在留資格がないからということによる区別は、条約の趣旨・目的に照らして正当な目的を持つものであり、かつ、その目的のために比例性つまり、やり過ぎではない釣り合った内容のものでなければ差別となる、ということを言っています。国籍がないから何でも否定していいのではなく、人種差別をなくすのが前提であって、国籍の相違による違いが認められるのは限定的と解する。条約の趣旨・目的に沿って、正当な目的のためにバランスの取れた措置である場合でなければ差別となる。これが、比例性とか均衡性と言われる概念です。

日本では、外国籍であるというその一点だけで調停委員になれないということが続いているわけですが、憲法上も問題があると思いますし、今見てきたような国際人権法、特に人種差別撤廃条約にも反すると言えます。加えて、国際人権規約、社会権規約や自由権規約でも様々な人権が認められていることからすれば、確かに投票する権利や立候補の権利は自国民に限定し得るけれども、公務に平等に携わる権利まで広くその制限を及ぼすべきではない、と解釈できます。

公務就任権というものは、自分の意欲とか能力を生かして働く権利、自分の才覚を生かして働いて食べていくという、労働の権利の一環であって、労働の権利という意味では生存権にも関係していますし、職業選択の自由にも関わっています。社会権規約も6条で、すべての人が自由に自分で選び受け入れる労働によって生計を立てる権利を保障しています。

労働の権利は、経済的・社会的権利であるとともに人格権としての側面も持っていて、先ほど紹介した最高裁判例の反対意見でも、働くというのは人格権の側面もあるのだということが言われていました。

次に、人種差別撤廃委員会の総括所見にふれます。人権条約の報告制度の産物には二つあって、一つが先ほど述べた一般的勧告、もう一つが、報告審査を行った当該国に対して個別に出される「総括所見」（concluding observations）です。最終見解と訳されることもあります。日本の報告審査後には、〝Japan〟という名指しで、日本政府宛てに総括所見が出されます。

この中で何が言われているか。過去に何回か調停委員のことが問題になっていますが、二〇一四年の所見は、家事調停を行う裁判所において、締約国である日本が、能力があるにもかかわらず、日本国籍がない non-citizens という理由で調停委員から除外する見解と実務を継続していることを特に懸念すると言っています。「懸念する」とは、条約上問題があると委員会は考えているということです。

勧告は、一般的勧告第３０を想起しつつ、締約国である日本に対して、能力のある外国籍の人が調停委員として活動できるよう、国の見解を見直すように勧告する、と言っています。また、締約国に長年暮らしてきた――「長年」が一つのポイントですが――市民でない者（non-citizens）に注意を払いつつ、国家権力の行使を要しない公務へのアクセスを含む公的生活（public life）に外国籍の者も参加できるように、法律上または行政上の制限を取り除くように言っています。調停のことがはっきり指摘されているわけです。

その四年後の二〇一八年。これも日本に対する所見ですが、委員会は、市民でない者並びに外国人長期在留者及びその子孫が、日本国籍を有していないことを理由に、公権力の行使または公の意思の形成への参画にたずさわる公職から除外されていることを指摘しています。

二〇一四年の所見では、国家権力の行使を要しないものには広く認めるべきという言い方でしたが、二〇一八年の所見では、長期在留者とその子孫については、公権力の行使または公の意思形成に参画しても問題ないではないかという見解が示されています。こうした参画から長期在留者も含めて除外されていることを懸念し勧告しています。繰り返しになりますが、〃non-citizens（市民でない者）〃、特に外国人長期在留者及びその子孫に対して、公権力の行使または公の意思形成の参画にたずさわる公職へのアクセスを認めること、という内容の勧告なのです。

委員会は、日本国籍のない non-citizens を全て一緒くたに見ているわけではないのです。特に長期在留者について、一律に国籍がないというだけで公職から排除されるということを問題視していますし、二〇一八年の所見では、公権力の行使や公の意思形成に参画することも特に条約上問題がないという見方を示しています。

まとめとして、日本では、「外国人」「外国籍」というものが、何か日本人とは全く違うカテゴリーの人たちというように見られがちですが、そんなことはない。日本の国籍法自体非常に硬直的な面がありますし、法律の運用ひとつで国籍を奪われてきた人もたくさんいます。一律に外国人といっても、その実態は様々ですし、まして日本の場合、植民地支配の歴史があり、その政策の結果、今日本に永住している人がたくさんいるわけです。そういう人たちでも、帰化という、国籍をくださいというお願いをしなければ国籍が取れない。それで外国籍のまま住み続けている。そういう背景があります。

最後に調停委員の問題ですが、法的に言いますと、憲法上の人権問題でもありますし、国際人権法上も、特に人種差別撤廃条約の観点からすると懸念があるということが指摘されています。日本の司法試験に受かって弁護士となり十分に経験を積んでいる方は、調停委員の役割を十二分に果たすことができると思います。それどころか、ますます国際化、多様化している日本社会の中で、複数の国や社会の文化や言語を理解し、様々なバックグラウンドを持つ方が調停委員になるというのは、むしろ望ましいことではないかと考えます。当事者も外国籍の方ということがあるわけですから、調停制度の趣旨からしてもメリットが大きいと思います。

（二〇二二年二月一九日　市民シンポジウム「外国籍だと調停委員になれない!?」於：兵庫県弁護士会館四階講堂）

第2章

これまでに調停委員採用を拒否された弁護士の横顔

大阪：李載浩（い・ちぇーほ）会員　一九九八年弁護士登録

京都市に生まれ育つ。一九九八年に大阪弁護士会に登録。弁護士法人の設立と支所の開設に伴って、再び大阪弁護士会に登録替えをした。京都弁護士会所属のときに、調停委員として推薦されるも、いずれも拒否された。（記・白承豪）

大阪：林範夫（いむ・ぼんぶ）会員　一九九四年弁護士登録

三重県上野市に生まれ育つ。一九九四年四月に大阪弁護士会に登録した直後、一九九六年三月までソウル留学。韓国語の習得と韓国親族相続法の研鑽を積む。二〇〇一年一月に一心法律事務所を開設。韓国語を使っての訴訟・法務相談、日韓の親族相続法に特色のある弁護士活動を行なう。特定非営利活動法人コリアNGOセンターの共同代表を務める。

在日コリアンが当事者となった民事・家事事件のほか、在日コリアンの人権が問題となる訴訟の弁護団に、複数、参加してきた。B級グルメ好き。（記・韓雅之）

東京：殷勇基（いん・ゆうき／ウン・ヨンギ）会員　一九九六年弁護士登録

大阪生まれ。東京弁護士会・外国人の権利に関する委員会委員。日弁連人権擁護委員会・日韓弁護士会戦後処理問題共同行動特別部会特別委嘱委員。検察審査会の審査補助員を担当。

（記・白承豪）

岡山：呉裕麻（おー・ゆうま）会員　二〇〇八年弁護士登録

東京都調布市に生まれ育つ。二〇〇八年に岡山弁護士会に登録し、二〇一三年に倉敷市で独立開業。これまで、多数の家事事件（離婚や遺産分割などの調停事件を含む）を経験し、調停制度を通じた紛争解決を実現してきた。

弁護士会では人権擁護委員会、国際委員会などの活動に取り組んでいる。（記・吉井正明）

大阪：金喜朝（きん・よしとも）会員　一九九三年弁護士登録

大阪市で出生、大阪・東京で育つ。一九九三年に大阪弁護士会に登録、二〇一〇年に現在の事務所を開設し、現在、弁護士四名で事務所を運営する。

弁護士会活動では人権擁護委員会に所属し、医療と人権、外国人の人権などの問題に関わる。二〇二二年四月から日弁連人権擁護委員会委員長就任。（記・白承豪）

大阪：崔信義（さい・のぶよし）会員　一九九一年弁護士登録

登録後、三年間韓国ソウル大学大学院に留学、その後、東北大学大学院で医療法を研究しPh.D. 取得。仙台弁護士会での業務を経て大阪弁護士会登録。

現在、日弁連の自由権規約個人通報制度等実現委員会等の活動に力を注いでいる。（記・吉井正明）

兵庫：白承豪（はく・しょうごう）会員　一九九三年弁護士登録

韓国ソウル市に生まれ、一九七四年一一歳で沖縄に移住。二〇〇〇年に勤務事務所から独立、事務所開設。現在、在日韓国人弁護士三名と韓国弁護士一名で外国法共同事業法律事務所を運営。兵庫県弁護士会人権擁護委員会委員長、兵庫県刑事施設視察委員等の要職を務める。

二〇〇三年度兵庫県弁護士会副会長、二〇一七年度同弁護士会会長（全国初の外国籍会長）。二〇一九年度日弁連副会長（同）。二〇二二年四月から西日本地区入国者収容所等視察委員会委員。（記・梁英子）

兵庫：梁英子（やん・よんじゃ）一九九三年弁護士登録

東京都生まれ。大阪で育つ。ＤＶ・家事事件を主な取り扱い分野とし、二〇〇六年から二〇二〇年まで兵庫県嘱託のＤＶ法律相談担当委員を務める。兵庫県、神戸市等の各種審議会委員や、職員向け研修の講師を多く担当するほか、神戸大学法科大学院の法曹実務教授も務めた。二〇二二年四月弁護士を引退。（記・吉井正明）

大阪：金英哲（きむ・よんちょる）会員　二〇〇七年弁護士登録

大阪生まれ大阪育ち。二〇〇七年に大阪弁護士会登録。二〇一〇年に現在の事務所を開設。二〇一二年には大阪弁護士会子どもの権利委員会外国人の子どもの人権部会部会長を務め、二〇一五年からは日弁連人種的憎悪を煽る言動などについての検討プロジェクトチームに所属している。現在、ヘイトスピーチ被害者を救済するための事件等にも積極的に取り組んでいる。学生時代サッカーに励む。淡々と業務処理を行いつつ、人権擁護に対する熱い思いがにじ

み出ている。（記・韓雅之）

神奈川：姜文江（きょう・ふみえ）会員　二〇〇〇年弁護士登録

東京に生まれ育つ。これまでニューカマーの外国人問題、法教育、高齢者・障害者問題などに取り組み、現在は日弁連刑事法制委員会、神奈川県弁護士会でも多数の委員会に所属し、紛争解決センターの和解あっせん人として複数の和解を成立させた。二〇二二年度神奈川県弁護士会副会長のほか、行政の審議会等の委員や医療・福祉分野の外部団体の役員等も務めている。

事務所は、二〇〇三年に独立し、高齢者や障がい者に関する事件を中心に個人事件全般を扱っている。二〇一八年に神奈川県弁護士会から横浜家庭裁判所の家事調停委員に推薦され、横浜家裁所長の面談も受けながら、調停委員就任を拒否された。ヘイトの攻撃者に対しても説得を諦めない平和愛好家である。（記・空野佳弘）

大阪：韓雅之（はん・まさゆき）会員　二〇〇二年弁護士登録

大阪生まれ、大阪育ち。二〇〇二年大阪弁護士会に登録。二〇〇六年現在の事務所を開設。現在、弁護士五名、パラリーガル一名で事務所を運営する。二〇一七年より大阪弁護士会人権擁護委員会、ヘイトスピーチ対策推進PT委員、二〇二二年度近畿弁護士会連合会人権擁護委員会及び大阪弁護士会人権擁護委員会委員長を務める。日本の歴史的及び現在の外国人差別をとらえたドキュメンタリー映画「ワタシタチハニンゲンダ！」の上映拡大に取り組む。性格は温厚だが、差別に対するまなざしは厳しい。（記・空野佳弘）

大阪：姜永守（かん・えいしゅ）会員　二〇〇二年弁護士登録

大阪生まれ、大阪育ち。二〇〇二年大阪弁護士会に登録。二〇一一年現在の事務所を開設。弁護士二名で事務所を運営する。大阪弁護士会司法委員会、同弁護士会倒産法実務研究会、全国倒産処理弁護士ネットワーク所属。

学生時代ラグビーに励む。長身。飄々とふるまいつつ、時に飛び出す彼独特のジョークにファンも多い？（記・韓雅之）

兵庫：韓検治（はん・こむち）会員　二〇〇七年弁護士登録

神戸市生まれ、神戸市育ち。二〇〇七年兵庫県弁護士会に登録。弁護士登録と同時に現在の事務所に入所。二〇〇九年に共同経営者に。現在、四名の在日韓国人弁護士と韓国の弁護士資格を有する一名の外国人弁護士の五名で事務所を運営。

兵庫県弁護士会の研修委員会副委員長、推薦委員会副委員長を務めており、他に、刑事弁護委員会、両性の平等に関する委員会、子どもの権利委員会、労働と生活に関する委員会、男女共同参画推進本部、交通事故プロジェクトチーム等に所属。二〇二〇年度兵庫県弁護士会副会長を務める。一般民事、家事事件のほか、刑事事件にも積極的に取り組んでいる。

（記・鄭聖愛）

おわりに

空野佳弘

これまで外国籍の弁護士が民事・家事の調停委員になれないことなどを様々な角度から論じてきた。第1部では、調停委員任命を拒否された当事者に思いを語ってもらい、また、約二〇年に及ぶ弁護士会の取り組みとそれに対する最高裁判所の対応を明らかにした。第2部では外国籍弁護士が全面的に排除されている調停委員、司法委員、参与員の仕事の実情が公権力の行使等と関係がなく、また、保護司、刑事施設や入国者収容所等の視察委員、消防団員という非常勤の公務員が一部公権力の行使に関わる面がありながら外国籍市民が排除されていない実情を明らかにした。第3部では、最高裁判所が根拠として主張するところの当然の法理論が、終戦後の旧植民地出身者の法的地位を処理するための方策として内閣法制局の意見として出てきたもので、法律上の裏付けのあるものではないこと、何をもって「公権力の行使または国家意思の形成への参画」というのか、全く曖昧模糊としたもので、明確な基準というものさえない法治主義に反するものであることを憲法・国際人権法の観点及び歴史的見地から明らかにし、また現在の多文化共生社会の要請に反することも明らかにした。第4部では、申惠丰教授の講演録により、最高裁の見解が国際社会の認識から大きくずれていること、そして、任命を拒否された弁護士たちの横顔を明らかにして調停委員等の適格性を有していることを明らかにした。

その中で、読者はおそらくこう感じていると思われる。すなわち、これを所管している最高裁判所はなぜこの問題を早く解決しようとしないのか、最高裁判所は社会や時代の要請に適応できていないではないか、と。

各地の弁護士会や日本弁護士連合会は、二〇〇三年に兵庫県弁護士会の梁英子弁護士が採用拒否されてから二〇年近く、本書第1部第3章で明らかにしたような意見書や決議、会長声明などを出して、最高裁判所に対し懸命に訴えてきた。これに対して、最高裁判所は如何に応えたか？

当初は、いくつかの質問に非公式にしか答えなかった。そして、二〇一二年に司法行政を司る裁判官会議で、この問題について司法行政の監督権を行使しないと三行半の書面を送ってきただけである。どう見ても、この問題を真剣に検討した形跡が見られない。

最高裁判所は、この問題に対応する上で、いくつかの重要な事実を正しく認識していないと思われる。

その第一は、民事調停委員、家事調停委員の実際の仕事の内容を正確に把握していないのではという問題である。この点では、現場の簡易裁判所や地方裁判所で民事調停に関与する裁判官や、家庭裁判所で家事調停に関与する裁判官の方が実態をよく把握していると思われる。神戸家庭裁判所の信頼の厚かった梁英子弁護士が調停委員就任を拒否されたと聞いて当時の家庭裁判所所長がこれに怒ったという話が伝わってきているが、それはこの事情をよく示している。

第二に、本書第3部第2章で明らかにしているように、最高裁判所の民事調停委員及び家事調停委員に関する規則は、調停委員に採用できる者として真っ先に弁護士をあげている。ここには外国籍の弁護士は除くというような条件はつけられていない。この規則制定時、法律専門家としての弁護士が調停委員にふさわしいと考えたからこそ、このような規則を制定したのではないだろうか。その証拠に、最高裁は一九七四年〜一九八八年まで一四年間も中国（台湾）籍の弁護士を調停委員として任命し、大阪地裁所長は同人に対し感謝状を贈っている。最高裁判所による外国籍弁護士の調停委員からの排除はこの規則に反しているように思われる。

第三は、弁護士の仕事全般についての認識についてである。弁護士はすでに述べたように、国籍にかかわらず、破産管財人や、後見人、不在者財産管理人など、調停委員よりも遥かに権限の強い職務を担当することが往々にしてある。外国籍弁護士がこれらの仕事について制限を受けることは全くない。

ところが、最高裁判所が所管する民事・家事調停委員、司法委員、参与員となると外国籍弁護士は未だ全面的に排除されている。従前は、そもそも司法修習生に採用されるときに国籍条項があり、外国籍の人はそもそも司法修習生になれないため、当然弁護士にもなれなかった。ところが、金敬得氏が、韓国籍のまま一九七七年に司法修習生に採用され、一九七九年韓国籍のまま弁護士となったときに、外国籍の人が権限ある弁護士の職務に就く壁は取り除かれたと考えられる。このときの大きな壁に比べると、調停委員になるかどうかは遥かに小さな壁である。二〇〇三年梁英子弁護士が神戸弁護士会から家事調停委員に推薦されたとき、当時の最高裁判所の担当官は対応を間違ったものと思われる。ただ、戦後の在日コリアン排除の日本社会の傾向は裁判所も無縁ではなかったから、金敬得氏が外国籍のまま司法修習生に、そして弁護士になったことの意味を裁判所全体が認識できていなかったのかも知れない。金敬得氏が韓国籍のまま司法修習生になりたいと申し入れたとき担当した最高裁判所の担当官と同じ人が、梁英子弁護士の調停委員の任命上申を担当していたならばおそらく梁英子弁護士は調停委員に就任し、今日のような事態は生じていなかったのではないかと思われる。しかし、最高裁判所の中で、このようなことが議論された形跡さえもない。

第四は、最高裁判所は、この外国籍弁護士の調停委員就任の問題で、本書第3部第4章で取り上げたような国連の人権条約の履行監視機関である各委員会の見解とかけ離れていることである。「人は生まれながらにして自由であり、かつ、尊厳と権利において平等である」という世界人権宣言の思想は、少なくとも世界の文明国の共通のものとなっている。ある仕事の領域から合理的な理由もなく排除するのは差別である。最高裁判所はこの国連各委員会の勧告をどのように認識しているのであろうか、文明国の共通の思想を尊重しないのであろうか。

第五は、今日の日本社会の変化に最高裁判所が適応できていないことである。今日すでに約三〇〇万人の外国籍の人が日本で生活しており、しかも、二〇一八年に国会で成立した特定技能制度は単純労働に門戸を開き、今後多数の外国人労働者を受け入れる予定となっている。そして、受け入れた後、日本社会を多文化社会とするためのワンストップセンターの設立等、様々な取り組みが始まっている。司法においても外国籍の人が当事者となることが増えることは避けられず、多文化社会の観点からは、司法内部においても、外国の法律や文化、習慣に通じた人を受け入れることが必要となる。外国籍弁護士は調停委員等に就任することにより、この社会のために大いに貢献することができる。このような有為な人材を自ら排除することは社会にとって大いなる損失である。

最後に、最高裁判所が、外国籍弁護士を調停委員等から排除することの持つ意味について考えたい。これは大して重要性をもたないことなのかどうか。

何も法律や規則を変える必要がなく、最高裁判所が運用を変えるだけで簡単に変更することができるという点では大した問題ではない。しかし、差別の観点から考えると、簡単に変更できるものを変更しないということは、それだけ差別が根深いということを示しており、ことは、人権保障の最後の砦である最高裁判所自体に関わることであるので問題は極めて重要性をもつ。

これらすべての事情を考えると、民事・家事調停委員の採用を巡って、今日のように日本弁護士連合会や各地の弁護士会が懸命に最高裁判所に訴えているのに、最高裁判所がこれを無視するという状況は日本社会にとって極めて不幸なことである。少なくとも、早急に胸襟を開いて解決に向け対話を開始すべきである。

昨年（二〇二二年）、この問題のきっかけとなった梁英子さんが弁護士業務を引退された。もう少し早くこの問題を解決できなかったか、そのことが残念でならない。

資料編

1 平和条約に伴う朝鮮人、台湾人等に関する国籍及び戸籍事務の処理について（通知）（1952年4月19日付）
2 日本国籍を有しない張有忠弁護士の調停委員就任
3 日弁連から最高裁に対する照会書（2008年9月25日付）及び回答書（2008年10月14日付）
4 日弁連「外国籍調停委員・司法委員の採用を求める意見書」（2009年3月18日）
5 日弁連「外国籍調停委員任命問題について（要望）」（2011年3月30日）
6 調停委員任命上申除外に対する不服申立資料及び同申立に対する最高裁裁判官会議議事録抜粋、同申立に対する最高裁からの通知（2012年3月16日付）
7 人種差別撤廃委員会総括所見関係箇所（2010、2014、2018年）
8 諸外国の公務就任権の現状（近藤敦）
9 家事調停委員の外国人差別発言におもうこと（裵明玉）
10 調停委員への国籍による排除（坂本洋子）

資料1 平和条約に伴う朝鮮人、台湾人等に関する国籍及び戸籍事務の処理について（通知）（1952年4月19日付）（第2部第5章参照）

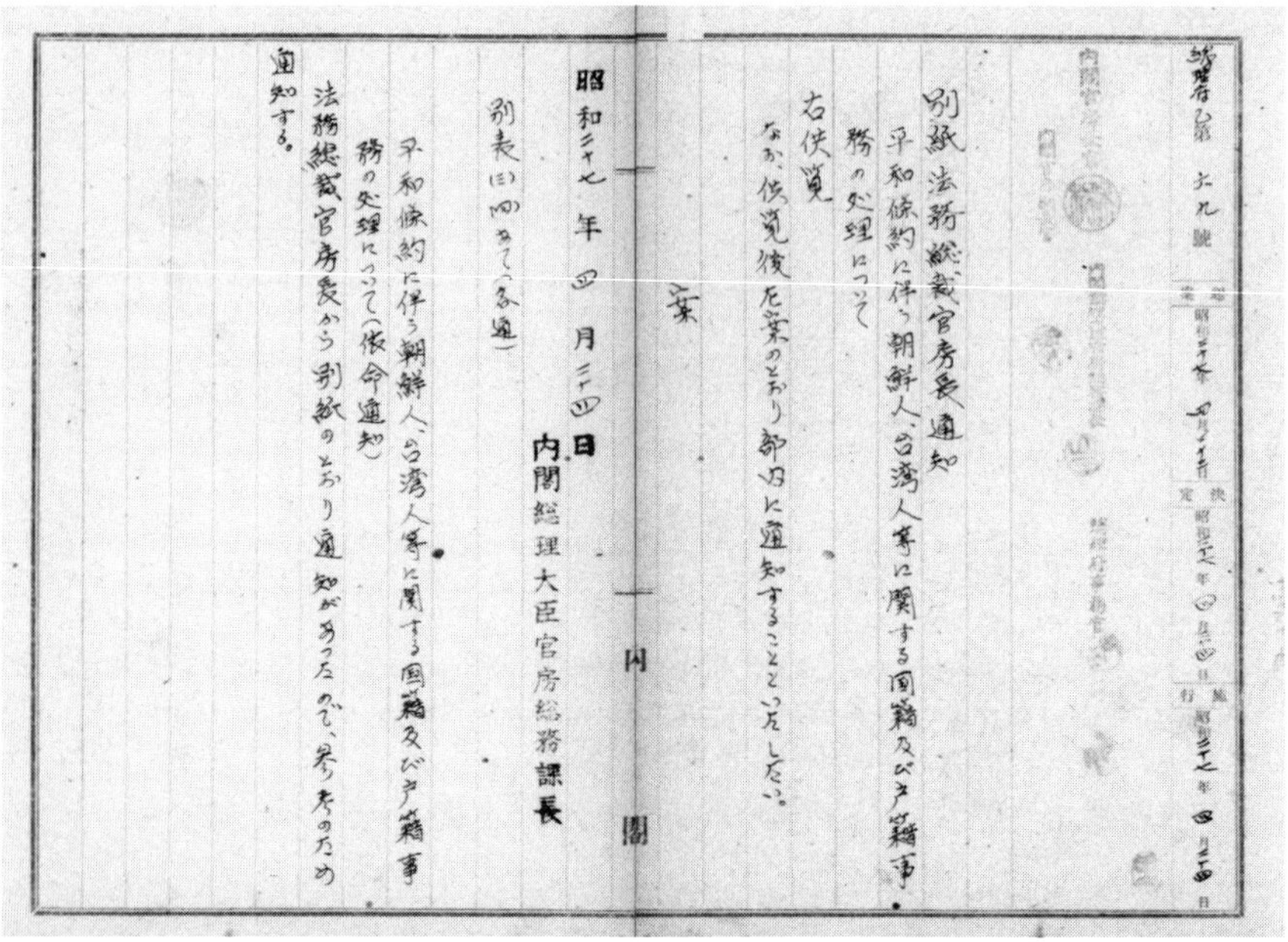

総理府乙第六九號

別紙法務総裁官房長通知
平和條約に伴う朝鮮人、台湾人等に関する国籍及び戸籍事務の処理について
右供覧
なお、供覧後左案のとおり部内に通知することにいたしたい。

案
内閣

昭和二十七年四月二十四日
内閣総理大臣官房総務課長

別表(三)回あて(各通)

平和條約に伴う朝鮮人、台湾人等に関する国籍及び戸籍事務の処理について(依命通知)

法務総裁官房長から別紙のとおり通知があつたので、参考のため通知する。

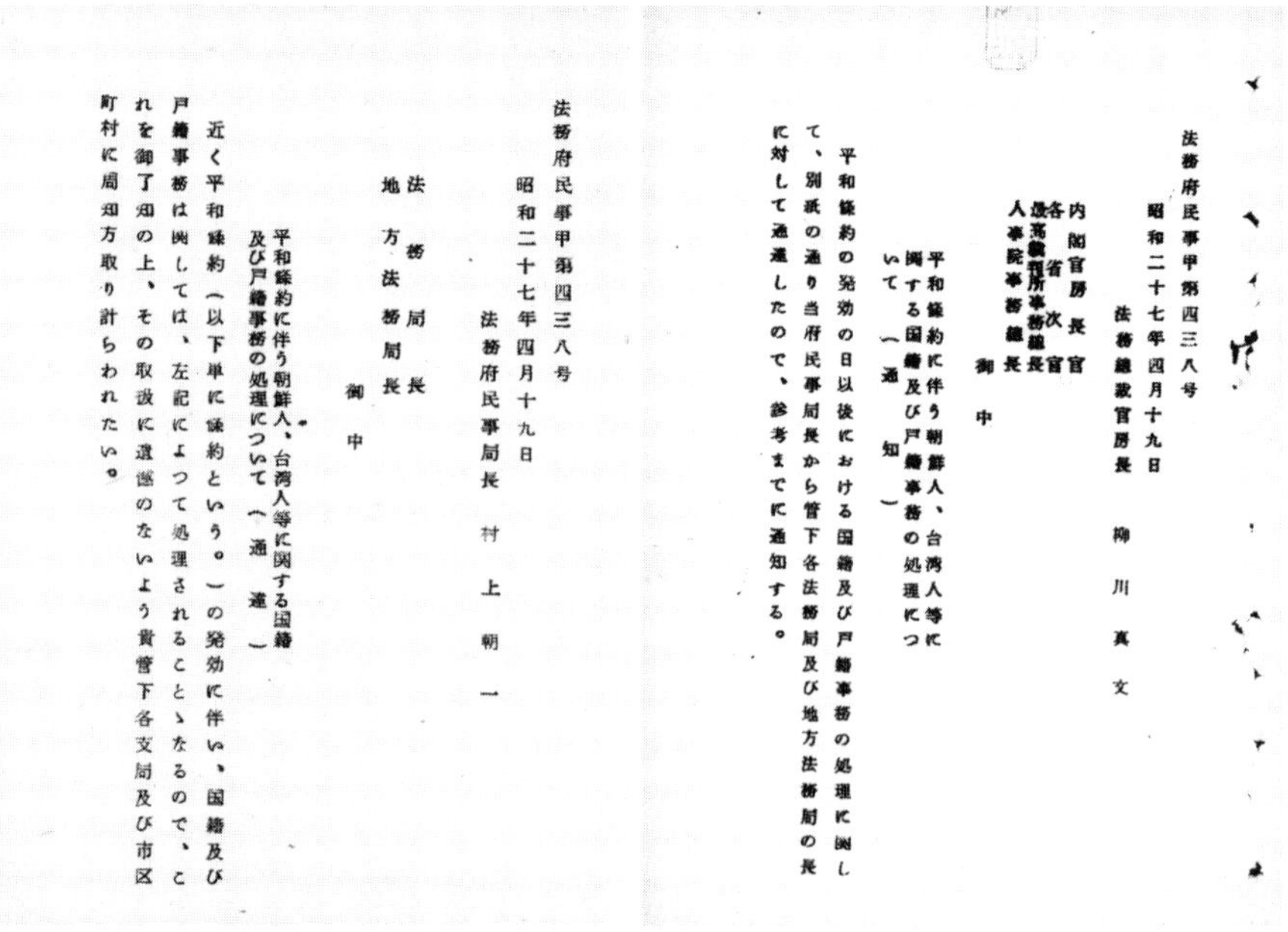

法務府民事甲第四三八号
昭和二十七年四月十九日
法務総裁官房長　柳川真文

内閣官房長官
各省次官
最高裁判所事務総長
人事院事務総長　御中

平和條約に伴う朝鮮人、台湾人等に関する国籍及び戸籍事務の処理について（通知）

平和條約の発効の日以後における国籍及び戸籍事務の処理に関して、別紙の通り当府民事局長から管下各法務局及び地方法務局の長に対して通達したので、参考までに通知する。

法務府民事甲第四三八号
昭和二十七年四月十九日
法務府民事局長　村上朝一

法務局長
地方法務局長　御中

平和條約に伴う朝鮮人、台湾人等に関する国籍及び戸籍事務の処理について（通達）

近く平和條約（以下単に條約という。）の発効に伴い、国籍及び戸籍事務に関しては、左記によつて処理されることゝなるので、これを御了知の上、その取扱に遺憾のないよう貴管下各支局及び市区町村に周知方取り計らわれたい。

記

第一　朝鮮及び台湾関係

(一)　朝鮮及び台湾は、条約の発効の日から日本国の領土から分離することゝなるので、これに伴い、朝鮮人及び台湾人は、内地に在住している者を含めてすべて日本の国籍を喪失する。

(二)　もと朝鮮人又は台湾人であつた者でも、条約の発効前に内地人との婚姻、縁組等の身分行為により内地の戸籍に入籍すべき事由の生じたものは、内地人であつて、条約発効後も何らの手続を要することなく、引き続き日本の国籍を保有する。

(三)　もと内地人であつた者でも、条約の発効前に朝鮮人又は台湾人との婚姻、養子縁組等の身分行為により内地の戸籍から除籍せらるべき事由の生じたものは、朝鮮人又は台湾人であつて、条約発効とともに日本の国籍を喪失する。

なお、右の者については、その者が除かれた戸籍又は除籍に国籍喪失の記載をする必要はない。

(四)　条約発効後は、縁組、婚姻、離縁、離婚等の身分行為によつて直ちに内地人が内地戸籍から朝鮮若しくは台湾の戸籍に入り、又は朝鮮人及び台湾人が右の届出によつて直ちに同地の戸籍から内地戸籍に入ることができた従前の取扱は認められないこととなる。

(五)　条約発効後に、朝鮮人及び台湾人が日本の国籍を取得するには、一般の外国人と同様、もつぱら国籍法の規定による帰化の手続によることを要する。

なお、右帰化の場合、朝鮮人及び台湾人（(三)において述べた元内地人を除く。）は、国籍法第五条第二号の「日本国民であつた者」及び第六条第四号の「日本の国籍を失つた者」に該当しない。

2

第二　樺太及び千島関係

樺太及び千島も、条約発効とともに日本国の領土から分離されることとなるが、これらの地域に本籍を有する者は条約の発効によつて日本の国籍を喪失しないことは勿論である。

たゞこれらの者は、条約発効後は同地域が日本国の領土外となる結果本籍を有しない者となるので戸籍法による就籍の手続をする必要がある。

第三　北緯二十九度以南の南西諸島、小笠原諸島、硫黄列島及び南鳥島関係

標記の諸島の地域に本籍を有する者は、条約の発効後も日本国籍を喪失するものでないことはもとより、同地域に引き続き本籍を有することができる。

右諸島のうち、沖縄その他北緯二十九度以南の南西諸島に本籍を有する者の戸籍事務は、条約発効後も従前通り福岡法務局の支局である沖縄奄美大島関係戸籍事務所で取り扱われ、また、小笠原諸島、硫黄列島及び南鳥島に本籍を有する者の戸籍事務については、条約発効の日から東京法務局の出張所として小笠原関係戸籍事務所が設置され、同事務所において取り扱われることゝなる（本月十四日附民事甲第四一六号本官通達参照。）。

3

資料2 日本国籍を有しない張有忠弁護士の調停委員就任
（第３部第３章３参照）

表彰状

張 有忠 殿

貴殿が多年調停委員の職務
に精励せられた功績に対し
深甚なる敬意と謝意を表し
ここに記念品を贈呈して
表彰いたします

昭和五十七年十一月二十五日

大阪地方裁判所長 齋藤平伍

辞　令　書

（氏 名）
張　有　忠

（発令内容）
民事調停委員に任命する

西淀川簡易裁判所所属とする

昭和 49 年 10 月 1 日

任命権者　最　高　裁　判　所

最高裁第１回辞令書

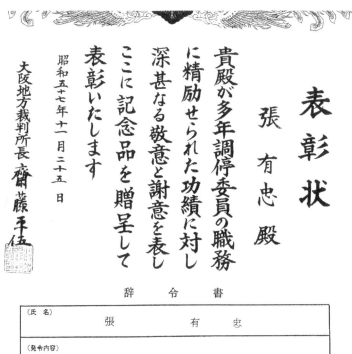

張有忠弁護士略歴

1915（大 4）年	6 月 17 日	台湾台南州斗六郡にて出生
1923（大 12）年	4 月	内林公学校入学
1929（昭 4）年	3 月	同校卒業
〃	4 月	斗六公学校高等科入学
1930（昭 5）年	3 月	同高等科退学、農業に従事
1931（昭 6）年	4 月	台南州立嘉義中学校入学
1935（昭 10）年	3 月	同校 4 年修了
〃	4 月	台湾総督府台北高等学校文科甲類に推薦入学
1938（昭 13）年	3 月	同校文科乙類卒業
〃	4 月	東京帝国大学法学部法律学科入学
1940（昭 15）年	10 月	高等文官試験司法科試験合格
1941（昭 16）年	3 月	東京帝国大学法学部卒業
〃	4 月	司法官試補となる
1942（昭 17）年	12 月	判事に任ぜられ、予備判事となる。大阪地方裁判所兼区裁判所勤務
1946（昭 21）年	3 月	判事退官、台湾へ帰郷
〃	5 月	中華民国台南地方法院検察処検察官となる
1947（昭 22）年	9 月	台南地方法院推事となる
1947（昭 23）年	8 月	台湾高等法院台南分院検察処検察官となる
1952（昭 27）年	6 月	台湾高等法院推事となる
1953（昭 28）年	4 月	台湾高等法院台南分院庭長となる
1958（昭 33）年	6 月	台湾宜蘭地方法院長に任ぜられる
〃	7 月	中華民国司法官退官
〃	8 月	聯合報南社社長に就任
1960（昭 35）年	9 月	同社解散、台南市にて律師開業
1964（昭 39）年	8 月	渡日
1964（昭 39）年	10 月	弁護士登録、大阪弁護士会入会、張法律事務所を開設
1974（昭 49）年	1 月	民事調停委員となる
1988（昭 63）年	3 月	調停委員を定年退職

（張有忠『私の愛する台湾と中国と日本』1989 年、勁草書房より）

資料3-1　日弁連から最高裁に対する照会書（2008年9月25日付）（第1部第3章参照）

日弁連人1第663号
2008年9月25日

最高裁判所事務総局
人事局長　大谷　直人　殿

日本弁護士会連合会
事務総長　丸島　俊介

日本国籍を有しない者の司法参加の状況について（照会）

当連合会では，「外国人の司法への参画」について検討を行っております。
つきましては，その実情調査のため，ご多忙の折恐縮ですが，下記事項について照会申し上げますので，同年10月10日（金）迄にご回答下さいますようお願い申し上げます。

記

1．次の各職に日本国籍を有しない者が就任することの可否についての貴庁の見解をお教え下さい。
① 民事及び家事調停委員
② 司法委員

2．上記「1」で貴庁が就任を不可と考える職につき
(1) 法令等の明文上の根拠がありましたら，根拠法令等名及び条項をお教え下さい。
(2) 明文上の根拠がない場合，貴庁が就任を不可と考える理由について，できる限り詳細にお教え下さい。

以　上

資料3-2　最高裁から日弁連に対する回答書（2008年10月14日付）（第1部第3章参照）

平成２０年１０月１４日

日本弁護士連合会　御中

最高裁判所事務総局人事局任用課

日本国籍を有しない者の就任等について（回答）

平成２０年９月２５日付けの貴会からの照会に対する回答は下記のとおりです。

記

照会事項について，最高裁判所として回答することは差し控えたいが，事務部門の取扱いは以下のとおりである。

1　照会事項１について

民事調停委員及び家事調停委員並びに司法委員については，その就任のためには日本国籍が必要であると考えている。

2　照会事項２について

(1)　法令等の明文上の根拠規定はない。

(2)　公権力の行使に当たる行為を行い，若しくは重要な施策に関する決定を行い，又はこれらに参画することを職務とする公務員には，日本国籍を有する者が就任することが想定されていると考えられるところ，調停委員及び司法委員はこれらの公務員に該当するため，その就任のためには日本国籍が必要であると考えている。

資料4 日弁連「外国籍調停委員・司法委員の採用を求める意見書」（第1部第3章参照）

二〇〇九年三月一八日
日本弁護士連合会

意見の趣旨

当連合会は、最高裁判所が、「弁護士となる資格を有する者、民事もしくは家事の紛争の解決に有用な専門的知識を有する者または社会生活の上で豊富な知識経験を有する者で、人格識見の高い年齢四十年以上七十年未満の者」であれば、日本国籍の有無にかかわらず、等しく民事調停委員及び家事調停委員に任命することを求める。

また、司法委員についても、各地裁に対し、日本国籍の有無にかかわらず任命できる旨を通達することを求める。

意見の理由

1　問題の背景

二〇〇三年、兵庫県弁護士会が、神戸家庭裁判所からの家事調停委員推薦依頼に対して、韓国籍の会員を候補者として推薦したところ、同家庭裁判所から「調停委員は、公権力の行使又は国家意思の形成の参画にたずさわる公務員に該当するため、日本国籍を必要とするものと解すべきであるので、最高裁判所には上申しないこととなった。」という説明がなされ、同弁護士会は当該会員の推薦を撤回せざるを得なくなった。

これに対して、近畿弁護士会連合会は二〇〇五年一一月二五日開催の大会において満場一致で「外国籍の調停委員任命を求める決議」を採択した。

その後、二〇〇六年三月に仙台弁護士会が韓国籍の会員を家調停委員の候補者に推薦したところ、同じ理由で採用できないとして拒否された。さらに、同年三月に東京弁護士会が韓国籍の男性会員を司法委員に推薦したところ、この採用も拒否されている。これについては、同年三月三一日付で東京弁護士会、仙台弁護士会がそれぞれ意見書、申入書を裁判所に提出している。

二〇〇七年秋に仙台弁護士会、東京弁護士会、大阪弁護士会、兵庫県弁護士会がそれぞれ韓国籍の弁護士を推薦したところ（東京弁護士会は民事調停委員、その他の弁護士会は家事調停委員）、同年一二月から二〇〇八年三月にかけて、いずれも最高裁に上申しない旨の回答が各地方乃至家庭裁判所からなされた。これに対し、仙台弁護士会は総会決議、その他の弁護士会は会長声明あるいは意見書を最高裁に送付している。

2　最高裁判所の見解

民事調停委員及び家事調停委員規則（以下、「調停委員規則」という）は、調停委員の採用について以下のように定めている。第1条（任命）「民事調停委員及び家事調停委員は、弁護士となる資格を有する者、民事若しくは家事の紛争の解決に必要な専門的知識経験を有する者又は社会生活の上で豊富な知識経験を有する者で、人格識見の高い年齢四十年以上七十年未満の者の中から、最高裁判所が任命する。ただし、特に必要がある場合においては、年齢四十年以上七十年未満であることを要しない。」また、同第2条では、欠格事由を定めているが、ここでも国籍等を欠格事由とする規定はない。すなわち、法律にも最高裁判所規則にも、民事調停委員および家事調停秀員について、国籍を要求する条項はない。司法委員についても、国籍要件の規定はなく、「良識ある者その他適当と認められる者であること（司法委員規則第1条）。」が唯一の規定要件である。

弁護士登録をしている者を調停委員にすることについては、各家庭裁判所又は地方裁判所の推薦依頼に基づいて、各弁護士会が調停委員候補を推薦し各家庭裁判所又は地方裁判所より調停委員候補を最高裁判所に上申し、その上申を受けて最高裁判所が任命する扱いがなされている。司法委員については各地方裁判所からの推薦依頼を受けて、各弁護士会が司法委員候補を推薦し各地方裁判所が任命する扱いになっている。日弁連より、調停委員・司法委員の採用について日本国籍を必要とする理由について最高裁判所に照会したところ、二〇〇八年一〇月一四日付で最高裁判所事務総局人事局任用課より、「照会事項について、最高裁判所として回答することは差し控えたいが、事務部門の取扱は以下の通りである。」として、法令等の名文上の根拠規定はないとしながらも、「公権力の行使に当たる行為を行い、もしくは重要な施策に関する決定を行い、又はこれらに参画することを職務とする公務員には、日本国籍を有する者が就任することが想定されていると考えられるところ、調停委員・司法委員はこれらの公務員に該当するため、その就任のためには日本国籍が必要と考えている。」との回答があった。

3　外国籍者についても等しく調停委員・司法委員となる権利があると解される。

（1）外国人の基本的人権の保障

憲法第3章に規定している基本的人権の保障の諸規定は、権利の性質上日本国民のみをその対象としていると解されるものを除き、我が国に在留する外国人に対しても等しく及ぶと解すべきである（最高裁判所昭和五〇年〔行ツ〕第一二〇号、同五三年一〇月四日大法廷判決）。そして、憲法14条1項が保障する法の下の平等原則は外国人にも及ぶ（最高裁判所昭和三七年〔あ〕第九二七号、同三九年一一月一八日大法廷判決）。同じく、憲法22条1号が保障する職業選択の自由も外国人に及ぶと解すべきである。調停委員・司法委員の採用について日本国籍を要件とすることは、外国人に保障されている憲法13条の幸福追求権、憲法14条の規定する不合理な差別を受けない権利、憲法22条の規定する職業選択の自由を侵害するものといわざるを得ない。また、法律上の制限規定がないにもかかわらず、その採用を認めないのは法治主義に反するといわざるを得ない。

（2）最高裁判所・「東京都管理職選考国籍条項」判決の示した「公権力行使等公務員」概念の問題点

これに対し、前記最高裁判所の回答は、二〇〇五年一月二六日の「東京都管理職選考国籍条項訴訟」の最高裁判決が「住民の権利義務を直接形成し、その範囲を確定するなどの公権力の行使に当たる行為を行い、もしくは普通地方公共団体の重要な施策に関する決定を行い、又はこれに参画することを職務とするもの（以下「公権力行使等地方公務員という。）については、…公権力行使等地方公務員の職務の遂行は、住民の権利義務や法的地位の内容を定め、あるいは、これらに事実上大きな影響を及ぼすなど、住民の生活に直接的及び間接的に重大なかかわりを有するものである。それ故、国民主権の原理に基づき、国及び普通地方公共団体による統治の在り方については日本国の当事者としての国民が最終的に責任を負うべきものであること（憲法1条、15条1項参照）に照らし原則として日本の国籍を有するものが公権力行使等地方公務員に就任することが想定されていると見るべきである。」としていることに依拠しているものと思われる。

しかしながら、前記最高裁判決には、滝井繁雄裁判官および泉徳治裁判官の少数意見が付されており、日弁連も二〇〇五年一月二八日付日弁連会長談話において「本判決がいう『公権力行使等地方公務員』とはそれだけでは必ずしもその範囲を明確にすることができないだけでなく、都が一律に管理職への就任の道を閉ざしたことを是認することは、在日外国人、特に特別永住者の法の下の平等、職業選択の自由を軽視するものであるといわざるを得ない。」と指摘しているところである。

前記滝井裁判官の少数意見は、「外国籍を有する者が我が国の公務員に就任するについては、国民主権の原理から一定の制約があるほか、一定の職に就任するにつき日本国籍を有することを要件と定めることも、法律においてこれを許容し、かつ、合理的な理由がある限り、認めるものである。」とした上、「国民主権の見地からの当然の帰結として日本国籍を有する者でなければならないものとされるのは、国の主体性の維持及び独立の見地から、統治権の重要な担い手になる職だけであって、地方行政機関については、その首長など地方公共団体における機関責任者に限られる。」と述べ、さらに「その職務の性質を問うことなく、すべての管理職から一律に外国人を排除することには合理性がない。」としている。

すなわち、国民主権原理に基づいて、これに抵触するような結果となる一定の職務について外国人の職業選択等の自由が当然に制約されることがあり得るとしても、その範囲は、当該個別の職務の内容に照らして、当該職種への外国籍者の就任を認めることが国民主権原理と本質的に両立しないものに限定されると解するべきである。このような職種以外については仮に国籍による制限が認められるとしても、特別永住者等の外国籍者がわが国において置かれている立場を十分考慮した上でなおかつ真にやむ得ない理由が認められる場合であって、法律によって制限する場合にのみ正当化される。この点、前記最高裁判決は、広範な範囲の公務員について、その具体的職務内容を問題とすることなく公権力等行使等公務員として当然に外国人の就任を拒絶することを認めるものであり不当である。

（3）外国籍者の調停委員・司法委員就任が国民主権原理に反するとは考えられないこと

以下に述べるように、調停制度・司法委員制度の目的、調停委員・司法委員の役割、調停委員・司法委員の権限、職務内容を総合的に考慮すれば、調停委員・司法委員の職務に、外国籍者が就任することが、国民主権原理に抵触することは考えられない。

ア　調停委員について

（ア）調停制度の趣旨および調停委員の役割

調停制度の目的は、市民の間の民事若しくは家事の紛争を、当事者の話し合いおよび合意に基づき、裁判手続きに至る前に解決することにあり、日本における裁判外紛争解決手段（ＡＤＲ）の典型の一つと位置付けられている。しかも、裁判所において裁判官も関与してなされることに大きな特徴がある。その中にあって、市民の調停委員の本質的役割は、専門的知識もしくは社会生活の上での豊富な知識経験を活かして、当事者の互譲による紛争解決を支援することにある。

日本の社会制度や文化、そこに住む市民の考え方に精通し、高い人格識見のある人であれば、国籍の有無にかかわらずこのような役割を果たすことができるのは明らかである。調停委員規則も、「弁護士となる資格を有する者、民事若しくは家事の紛争の解決に必要な専門的知識経験を有する者又は社会生活の上で豊富な知識経験を有する者で、人格識見の高い年齢四十年以上七十年未満であること。」を調停委員として任命される資格として定めており、国籍の有無を問題にするという示唆はまったくない。特に、弁護士については、具体的な専門等が問題とされておらず、法律紛争の解決を専門とする者として当然に紛争解決に必要な専門知識を有するものと位置付けられており、まして国籍が問題となる余地はない。すなわち、外国籍者が調停委員に就任することが、調停制度の趣旨に反している、とか、調停制度運用の支となる、という具体的客観的事情は一切認められない。弁護士たる資格を有する外国人は、日本国籍保持者と同様、日本の司法試験に合格し、司法修習を終了した上で弁護士登録した者なのであって、その結果獲得した資格に基づく活動の制限を可能とするには、その者に不利益を課すのを正当化するだけの合理的な理由があることが必要である。また、弁護士資格を有しない外国人であっても、紛争解決に必要な専門知識をもつ者、もしくは日本社会の構成員として、長年日本で過ごし、紛争解決に有益な社会経験を有し、かつ人格識見の高い人であれば、客観的に調停委員としての職責を果す能力があるのは明らかである。そして、公的機関や私企業での第一の人生を満了した後、第二の人生として、社会的貢献の可能な調停委員の職を選び、活躍する人が多いという現実に鑑みれば、同様の立場にある外国籍者に対しても、平等に調停委員就任の道が開かれるべきである。

（イ）調停委員の職務権限について

調停調書は確定判決と同一の効力を有するが、このことが、国民主権原理に抵触する公権力の行使にあたるとは言えない。日本国籍を有しない仲裁人が日本で下した仲裁判断も執行を要しない事案（例えば債務不存在確認判断）では、日本の裁判所がまった関与することなく確定判決と同一の効力を認められる（仲裁法45条1項）。また、多くの外国籍弁護士も担当している破産管財人については、破産管財人が認め、届出債権者が異議を述べなかった結果確定した事項について裁判所書記官がなした破産債権者表の記載が確定判決と同一の効力があるとされている（破産法124条）。調停調書の記載内容が当事者の合意に基づくものであるのに対して、仲裁判断は、当事者は仲裁手続によることを合意するだけで、内容については当事者の承諾の有無にかかわらず、仲裁人の一方的な判断を示すものであるから、当事者の権利義務に対する影響の大きさは、調停調書より直接的かつ重大ともいえる。また、債権調査における破産管財人の判断については届出債権者による異議申立ての機会が認められているが、調停の場合は、原則として当事者の合意がない限り、調停調書が作成されないのであるから効力において実質的な差はない。すなわち、調停調書が確定判決と同一の効力を有するということが、調停委員の職務が「公権力の行使」的側面を有していることとの根拠となるとしても、仲裁判断や破産債権者表とのバランス上、外国籍者を調停委員から排除する根拠とはなり得ない。

調停委員会の呼出、命令、措置には過料の制裁があることは、当該呼出、命令、措置の「公権力の行使」的側面を示すものではある。しかしながら、これらの呼出、命令、措置はいずれし調停制度による紛争解決をより実効性の高いものとするための付随的な処分に過ぎない。従って、このような過料の制裁制度の存在を理由として、外国籍者の調停委員就任が国民主権原理に反すると解するのはまさに本末転倒である。

また、事実の調査および必要と認める証拠調べを行う権限等を有していることについても、任意の事実調査や証拠調べを行なう権限は仲裁人も当然に有しているし、強制的処分としての証拠調べ等が行なわれることは調停の趣旨に照らしてもほとんどないのであるから、このような権限の存在は、外国籍者の調停委員就任が国民主権原理に反するという合理的根拠にはなり得ない。

（ウ）小括

以上のとおり、外国籍者が調停委員に就任することが国民主権原理に反するという理由はまったくない。従って、調停委員について当然の法理の適用は認められず、仮に制約が認められるとしても、合理的な理由に基づき、法律に基づき制限することが必要となる。前記調停制度の趣旨および調停委員の役割ならびに後記多民族・多文化共生社会形成の視点に照らして、合理的理由が認められないことは明らかであるが、この点を措くとしても、欠格事由を定める調停委員規則第2条に、国籍等を欠格事由とする規定はない。とすれば第1条で定める「民事調停委員及び家事調停委員は、弁護士となる資格有する者、民事若しくは家事の紛争の解決に必要な専門的知識経験を有する者又は社会生活の上で豊富な知識経験を有する者で、人格識見の高い年齢四十年以上七十年未満の者の中から、最高裁判所が任命する。ただし、特に必要がある場合においては、年齢四十年以上七十年未満であることを要しない。」の任命の要件に合致し、第2条の欠格事由に該当するものでなければ採用が認められなければならない。にもかかわらず、国籍等を理由に採用を認めないのは法律に定めのない事項を理由とするものであり、法治主義に反するといわなければならない。任命要件に合致するものであれば、その職務の遂行に全く問題ないことは明らかであり、最高裁は直ちに第1条の要件に従って調停委員を日本国籍の有無に拘わらず等しく任命すべきである。

イ　司法委員について

司法委員については、国籍要件の規定はなく、「良識ある者その他適当と認められる者であること（司法委員規則第1条）。」が唯一の規定要件である。司法委員は、その職務の内容は純然たる裁判官の補助機能しかなく、調停委員のような決議の参加、和解調書等の記載、期日の呼び出し、命令、措置、事実調査、証拠調べの権限などの公権力の行使もなく、何をもって公権力の行使にあたるのかということさえ不明といわなければならない。従って、外国籍者の司法委員就任が国民主権の原理に反するとする根拠がないことは明らかである。

４　多民族・多文化共生社会形成の視点

日本には、在日コリアン等の、サンフランシスコ平和条約の発効に伴う通達によって日本国籍を失ったまま日本での生活を余儀なくされた旧植民地出身者及びその子孫などの特別永住者、定住外国人をはじめとする外国人が、日本社会の構成員として、多数暮らしている。

これらの外国人が日本の調停制度を利用する機会も多い。このような事件の中には、当該永住及び定住外国人独自の文化的背景について知識を有する調停委員が調停に関与することが有益な事案も数多く存在する。同様に、司法委員が関与するような裁判事件の当事者に、外国人がなることも多い。職業選択の自由、平等原則の視点からは、外国籍の調停委員、司法委員が日本国籍の調停委員・司法委員と平等に事件に関与できることが当然の帰結であり、前記有益性を過度に強調すべきでない。しかしながら、日本にいる外国籍者がより多くの社会組織に平等に参画できることは、多民族・多文化共生社会形成のための基本的要請である。日本に定住している外国人が調停委員・司法委員に就任し、他の調停委員・司法委員、裁判所の職員と交流し、よりよい制度を築くために共に活動することは、多民族・多文化共生社会形成の視点からも積極的意義を有するということができる。

５　まとめ

以上の通り、外国籍の調停委員・司法委員就任を排除する合理的理由は認められず、日本に定住する外国人の不合理な差別を受けない権利、職業選択の自由の観点からこれを排除することは不当である。かえって、多民族・多文化共生社会形成の視点から、外国籍者を等しく調停委員・司法委員に任命するべきである。

また、日本弁護士連合会は二〇〇四年一〇八日に宮崎で開催された第四七回人権擁護大会で「多民族・多文化の共生する社会の構築と外国人・民族的少数者の人権基本法の制定を求める宣言」を採択し、「永住外国人等の地方参政権付与をはじめとする立法への参画、公務員への就任などの行政への参画、司法への参画を広く保障すること。」とし、その趣旨の実現を求めてきたところであるが、外国籍調停委員・司法委員についてもその採用を実現することを求めるものである。

資料5　日弁連「外国籍調停委員任命問題について（要望）」（第1部第3章参照）

日弁連総第１４２号
二〇一一年（平成二三年）三月三〇日

最高裁判所長官 竹﨑博允殿

日本弁護士連合会
会長　宇都宮健児

外国籍調停委員任命問題について（要望）

当連合会は、二〇〇九年三月一八日に「外国籍調停委員・司法委員の採用を求める意見書」を貴裁判所に提出し、国籍を問題とせず、調停委員・司法委員を任命するように求めました。しかしながら、その後も状況が変わらず、各弁護士会から推薦された外国籍調停委員候補についての任命上申が拒絶されています。

この度、一九七四年（昭和四九年）一月から一九八八年（昭和六三年）三月まで、中華民国国籍の張有忠弁護士（大阪弁護士会所属）が外国籍のままで貴裁判所により民事調停委員に任命されていることが判明しました。

従来、貴裁判所は、本件についての当連合会からの照会に対して、「最高裁判所として回答することは差し控えたいが、事務部門としては、『法令等の明文上の根拠規定はないが、公権力の行使に当たる行為を行い、若しくは重要な施策に関する決定を行い、又はこれらに参画することを職務とする公務員には、日本国籍を有する者が就任することが想定されていると考えられるところ、調停委員及び司法委員はこれらの公務員に該当するため、その就任のためには日本国籍が必要と考えている。』」旨、回答されてきました。しかしながら、前記事実に照らせば、前記回答が事実に反するものであるといわざるを得ません。また、張有忠弁護士が一四年余りにわたり何らの支障なく調停委員としての職務を行い、大阪地方裁判所長より表彰を受けていることは、実質的にみても外国籍者が調停委員の職務を行うことに何ら問題がないことを示しているといえます。

つきましては、この度判明した前記事実を踏まえ、外国籍者についても等しく調停委員、司法委員に任命することについて、貴裁判所としての対応を御決定いただきたく、要望いたします。

以上

添付書類

1　張有忠氏『私の愛する台湾と中国と日本――ある外地人弁護士の歩みと願い』自序、弁護士略歴

2　表彰状・辞令書（『外地人・外国人と日本人――ある外地人弁護士の歩みと願い』）

資料6-1　調停委員任命上申除外に対する不服申立資料（第1部第3章参照）

申立ての概要

1　申立人等

申立人：仙台、大阪、京都、兵庫県の各弁護士会

相手方：仙台家裁、大阪家裁、京都地裁、神戸地家裁

2　申立ての概要

相手方が、最高裁判所に家事（民事）調停委員の任命上申をするに際し、それぞれ、申立人の推薦した弁護士が日本国籍でないことを理由として、同人を推薦者名簿に登載せず任命上申しなかった行為につき、最高裁判所は、これを是正し、相手方に対して同人を家事（民事）調停委員に任命上申するよう監督するとの処分を求める。

3　申立ての理由

相手方は、上記任命上申に際して、憲法に抵触し、家事審判法（民事調停法）及び民事調停委員及び家事調停委員規則の解釈適用を誤っており、任命上申拒否は違法無効であるから、相手方に所属弁護士を推薦した申立人は、かかる違法な状態を看過することが出来ない。

〈主な項目〉

○任命上申拒否の違法性（国籍による差別〈憲法14条等違反〉、人種差別撤廃条約5条違反、家事審判法（民事調停法）に基づく任命上申を受ける権利の侵害、民事調停委員及び家事調停委員規則違反）

○最高裁判所判決との整合性（調停制度の趣旨及び調停委員の役割と国籍要件の関係、「公権力行使等公務員」概念と調停委員の任命、調停委員の職務権限と公権力の行使）

○外国籍非常勤公務員の任命状況

○多民族・多文化共生社会形成の視点

○先例

資料6-2

同申立に対する最高裁裁判官会議議事録抜粋

平成二四年三月一四日（水曜日）
裁判官会議室において　午前一〇時三〇分開議

出席者：竹崎長官、古田、田原、櫻井、竹内、金築、須藤、千葉、横田、白木、岡部、大谷、寺田、大橋、山浦各裁判官
竹崎長官議長席に着く。

議事

[redacted]

2　司法行政の監督権行使を求める申立てについて
安浪人事局長から、別紙第2に基づき、標記の申立てについて説明があり、本件各申立てについては、司法行政の監督権を行使しないことを決定した。

[redacted]

[redacted]

（スミベタ部分は原本ママ）

午前一一時四分終了

議　長　竹﨑博允

秘書課長　中村愼

（別紙第２）

裁判官会議資料（三月一四日開催）

（平成二四・三・一四　人事局）

〈議題〉

司法行政の監督権行使を求める申立てについて

〈資料目録〉

1　申立ての概要

2　調停委員任命上申除外に対する不服申立書（申立人仙台弁護士会）

3　調停委員任命上申除外に対する不服申立書（申立人大阪弁護士会）

4　調停委員任命上申除外に対する不服申立書（申立人京都弁護士会）

5　調停委員任命上申除外に対する不服申立書（申立人兵庫県弁護士会）二通

なお、上記３から５までの不服申立書には資料が添付されているが（上記２は資料の添付なし。），上記４及び５の資料のうち上記３と重複するものについては添付を省略した。

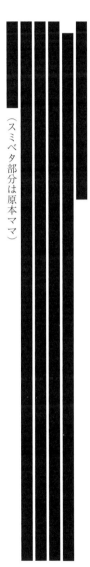

資料6-3　同申立に対する最高裁からの通知（2012年3月16日付）

最高裁人任二D第000552号

平成２４年３月１６日

申立人　大阪弁護士会

会長　中　本　和　洋　　殿

最高裁判所事務総局人事局長　安　浪　亮　介

通　　知

貴殿の平成２４年２月１０日付け書面による申立てについて，最高裁判所は司法行政の監督権を行使しないこととしましたので，お知らせします。

24.3.19

2001

資料7

人種差別撤廃委員会総括所見関係箇所（第3部第4章参照）

1　二〇一〇年四月六日付　総括所見

日本国籍でない者の公的サービスの仕事に対するアクセス

13　委員会は、締約国の代表団によって提供された説明に留意するものの、国家権力の行使を要さないいくつかの公的サービスの仕事に対するアクセスにおいて、日本国籍でない者が直面する制限及び困難について懸念する。委員会はとりわけ、家庭裁判所における調停委員として行動する能力を有する日本国籍でない者を排除するとの締約国の立場及び継続する実務について懸念する（第5条）。

市民でない者に対する差別に関する一般的勧告30（二〇〇四年）を想起し、委員会は、締約国に対し、能力を有する日本国籍でない者が家庭裁判所における調停委員として行動することを認めるように、その立場を見直すことを勧告する。委員会はまた、締約国が、長期にわたり締約国に住んでいる日本国籍でない者に相当の注意を払いつつ、国家権力の行使を要さない公的な仕事へのアクセスを含む、日本国籍でない者による公職へのさらなる参画を促進するために法的及び行政的制限を取り除くよう勧告する。委員会はさらに、締約国に対し日本国籍でない者の公職への参画に関する包括的かつ項目ごとのデータを、次回の定期報告において提供することを勧告する。

2　二〇一四年九月二六日付　総括所見

15　家庭裁判所調停委員はいかなる公的決定権を持っていないことに留意するとともに、委員会は、日本国籍を持たない者は資質があるにもかかわらず調停委員として調停処理に参加できないという事実に懸念を表明する。また、公職への日本国籍を持たない者の参画に関してデータが提供されていないことに留意する（第5条）。
委員会は、調停処理を行う候補者として推薦された能力のある日本国籍を持たない者が家庭裁判所で活動できるように、締約国の立場を見直すことを勧告する。また、次回報告において日本国籍を持たない者の公職への参画の権利に関して情報を提供することを勧告する。

3　二〇一八年八月三〇日付　総括所見

在日韓国・朝鮮人の状況

21　委員会は、数世代にわたり日本に在留し、外国籍を保持する韓国・朝鮮人が、地方参政権を有さず、公権力の行使又は公の意思の形成への参画に携わる国家公務員として勤務することができないことを懸念する。委員会は、「朝鮮学校」が未だ高等学校等就学支援金の対象外とされているとの報告をさらに懸念する。また、委員会は、多くの韓国・朝鮮人女性が、国籍及び性別による複合的及び交差的形態の差別に苦しんでおり、彼女たちの子供に対するイトスピーチにより不安を抱いているとの報告を懸念する。

22　市民でない者に対する差別に関する一般的勧告３０（二〇〇四年）に留意し、委員会は、締約国に対し、数世代にわたり日本に在留する韓国・朝鮮人に対し、地方参政権及び公権力の行使又は公の意思の形成への参画にも携わる国家公務員として勤務することを認めることを勧告する。委員会は、韓国・朝鮮人の生徒の差別のない平等な教育の機会を保証するため、「朝鮮学校」が高等学校等就学支援金の支給にあたり不公平な取扱いをされないことを保証すべきという前回の勧告（CERD/C/JPN/CO/7-9, パラグラフ19）を繰り返す。委員会は、韓国・朝鮮人の女性及び子供が、複合差別及びイトスピーチから確実に保護されるよう、締約国が努力することを勧告する。

34　市民でない者に対する差別に関する一般的勧告３０（二〇〇四年）に留意し、委員会は、締約国に以下の点を勧告する。

(a)市民でない者及び外国人に対して差別なく住居及び雇用へのアクセスを確保すること
(b)差別的な看板の掲示及びホテルやレストランといった民間施設による公共の用に供されるサービスの提供を外国人又は外国人風の容貌を有するという理由で除外する慣習を禁じる法制度を制定し、施行すること
(c)市民でない者が国民年金制度の対象となるようにすること
(d)市民でない者が障害基礎年金を受給できるよう法令を改正すること
(e)市民でない者、特に外国人長期在留者及びその子孫に対して、公権力の行使又は公の意思の形成への参画に携わる公職へのアクセスを認めること
(d)他の永住者と同様の方法で出入国できるよう、特定の永住者に対し、出国前の許可を得なければならないとの要件を撤廃すること
(g)一九五四年の無国籍者の地位に関する条約及び一九六一年の無国籍の削減に関する条約の批准を検討すること

資料8　諸外国の公務就任権の現状（第３部第３章２参照）

「諸外国の公務就任権の現状」

- 2019年11月25日 午後6時～ 兵庫県弁護士会館
- 近藤敦（名城大学）
- 1　許容説と「想定の法理」
- 2　各国の状況と日本への示唆
- 3　自治体の動向と国の課題

自由権規約は、許容？

- 25条で「すべての市民 (citizen) は、2条に規定するいかなる差別もなく、かつ、不合理な制限なしに、次のことを行う権利及び機会を有する。
- (c)　一般的な平等条件の下で自国の公務に携わること」と定めている。
- 2条に規定する差別とは、「人種、皮膚の色、性、言語、宗教、政治的意見その他の意見、国民的もしくは社会的出身 (national or social origin)、財産、出生または他の地位等」とある。
- 公務就任権の主体は、「市民」とあり、「すべての人」となっていない。したがって、外国人の公務就任権は、条約上の要請ではない。
- ただし条約は外国人の公務就任を禁止するものではなく、市民に、英連邦市民や永住市民（＝定住外国人）などを含めることも許容されている。
- ナショナル・オリジンによる差別を禁止していることに目を向けよう。

日本国憲法は、許容？

- 22条1項「何人も、公共の福祉に反しない限り、…職業選択の自由を有する。
- 14条1項「すべて国民は、法の下に平等であって…人種…において、差別されない。」
- 1条「天皇…の地位は、主権の存する日本国民の総意に基く」。

- 公共の福祉＝公平の原理としての比例原則の認める利益
- 一般には国籍差別の問題だが、特別永住者の場合は、朝鮮戸籍・台湾戸籍といった民族的徴表に基づく国籍剥奪後の不利益はナショナル・オリジンによる差別（広義の人種差別）の問題。

人種差別撤廃委員会日本の第7回・第8回・第9回定期報告に関する総括所見2014年9月26日

- 市民でない者に対する差別に関する一般的勧告３０（２００４年）を想起し，委員会は，締約国に対し，能力を有する日本国籍でない者が家庭裁判所における調停委員として行動することを認めるように，その立場を見直すことを勧告する。委員会はまた、締約国が，長期にわたり締約国に住んでいる日本国籍でない者に相当の注意を払いつつ，国家権力の行使を要さない公的な仕事へのアクセスを含む，日本国籍でない者による公職へのさらなる参画を促進するために，法的及び行政的制限を取り除くよう勧告する。委員会はさらに，締約国に対し，日本国籍でない者の公職への参画に関する包括的かつ項目ごとのデータを，次回の定期報告において提供することを勧告する。（→データの提出はなく、当然の法理の説明のみ）。
- 一般的勧告３０：締約国は、自国の定期報告書の中に、適切な形式で、自国の管轄の下にある市民でない者に関する社会的・経済的データ（ジェンダーおよび民族的または種族的出身別に集計されたデータを含む）を含めるべきである。

人種差別撤廃委員会日本の第10回・第11回定期報告に関する総括所見2018年8月30日

- 外国人に対する差別に関する一般的勧告30（2004年）に留意し、
- 委員会は、締約国に対し、**数世代にわたり日本に在留する韓国・朝鮮人に対し、地方参政権及び公権力の行使又は公の意思の形成への参画にも携わる国家公務員として勤務することを認めることを勧告する（22段落）**。
- (e)外国人、特に**外国人長期在留者及びその子孫に対して、公権力の行使又は公の意思の形成への参画に携わる公職へのアクセスを認めること（34段落）**（を勧告する）。
- 外国人に対する差別に関する一般的勧告30：
- 14. 人種、皮膚の色、世系または民族的もしくは種族的出身に基づく市民権の剥奪が、国籍に対する権利の差別のない享有を確保するべき締約国の義務の違反であることを認識すること。→22段落
- 15.長期在住者または永住者に対する市民権の否認が、ある場合には、雇用および社会福祉へのアクセスに不利益を生じさせ、条約の非差別原則に違反する結果となることを考慮すること。→34段落

- 後天的な国籍取得の年間比率が、OECD諸国の中で極端に低く、０．５である日本では、
- （参照、スウェーデン(7.9)、カナダ(5.7)、フィンランド(5.3)）
- 複数国籍の容認、届出制度の拡充などの国籍制度の見直しも必要である。

- （15歳以上で）10年以上滞在している移民（外国生まれの人）の国籍取得率のOECDの平均は、63％である。
- （参照、カナダ(90.5%), スウェーデン(86.8%),オーストラリア(81.4%)）

(在外邦人の）複数国籍に不寛容な国（2018年）
195カ国中49カ国≒25%（146か国≒75%が容認）
（1960年は39%だった)。

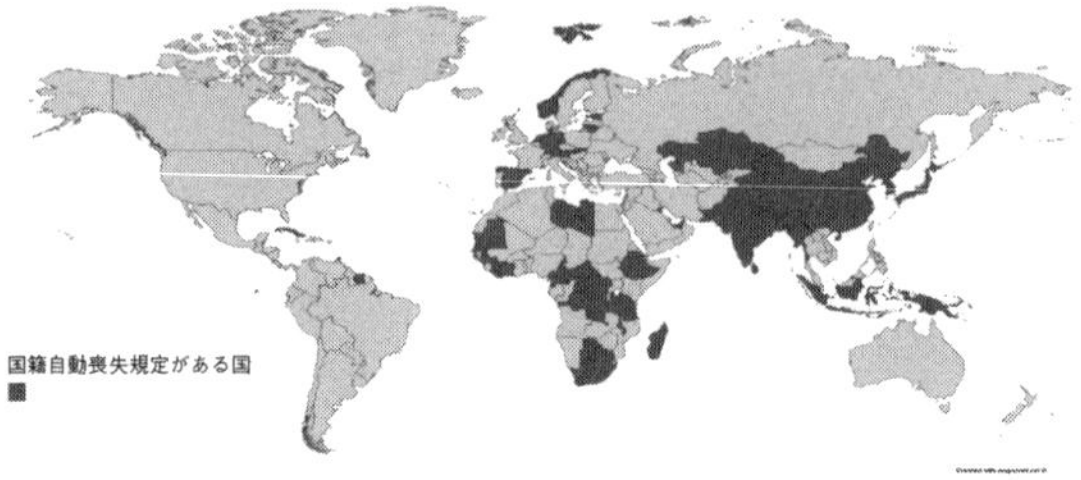

許容説：1995年の地方選挙権訴訟の最高裁判決

- 憲法の**国民主権原理**を理由に、憲法93条2項は、…外国人に対して地方…選挙の権利を保障したものとはいえないが、…
- 民主主義社会における地方自治の重要性（＝住民自治の理念）に鑑み、「永住者等であって…地方公共団体と特段に緊密な関係を持つに至ったと認められるもの」に、「法律をもって、地方…選挙権を付与する…ことは、
  憲法上禁止されているものではない」と判示した。
- 以後、国会にボールが投げられた。
- 保障（「要請」）でも、「禁止」でもない⇒「**許容**」

何らかの形で外国人参政権を有する国は、
国連加盟193カ国のおよそ3分の1（65カ国）

- 定住外国人に参政権を認める定住型は、35カ国。
- （ニュージーランド、チリ、ウルグアイ、エクアドル、
  マラウィの5カ国は、国会の選挙権も認めている）

- イギリスなど、旧植民地の英連邦市民に認める伝統型。
- 英連邦諸国53カ国の英連邦市民権(相互主義の互恵型ではなくなっている)

外国人の地方選挙権（65か国）下線は国会選挙権も

1　定住型（34カ国）　スウェーデン、フィンランド、ノルウェー、アイスランド、デンマーク、アイルランド、オランダ、リトアニア、スロバキア、ベルギー、ルクセンブルク、エストニア、スロベニア、ハンガリー、ニュージーランド、韓国、チリ、ウルグアイ、コロンビア、エクアドル、ベネズエラ、パラグアイ、ペルー、ブルキナファソ、カーボベルデ、マラウィ、ウガンダ、ルワンダ、ザンビア（スイス、アメリカ、中国（香港）、イスラエル、アルゼンチン）

2　互恵型（15カ国）　スペイン、独、仏、伊、オーストリア、チェコ、キプロス、ラトビア、ポーランド、ブルガリア、ルーマニア、クロアチア、マルタ、ギリシア、ボリビア

3　伝統型（16カ国）　英、ポルトガル、豪、モーリシャス、ブラジル、ガイアナ、アンティグア・バーブーダ、ドミニカ、グレナダ、ジャマイカ、ベリーズ、セントビンセント・グレナディーン、セントルシア、セントクリストファー・ネイビス、トリニダード・トバゴ、バルバドス

地方公務員管理職昇任差別事件

- 原告は、韓国籍の**特別永住者**。1952年日本国籍喪失。
- 50年にコリアンの父と日本人の母の下に出生。
- 88年に保健婦として東京都に採用され、94年度・95年度の管理職試験を受験しようとしたが、外国籍を理由に受験拒否。
- 1審（東京地判1996年）は、外国人は**当然の法理**に基づき「公権力の行使あるいは公の意思の形成に参画」することによって「直接的または間接的に我が国の統治作用にかかわる職務に従事する地方公務員」に就任できず（＝**禁止**）、
- 許容されるのは「上司の命を受けて行う補佐的・補助的な事務、もっぱら専門分野の学術的・技術的な事務等に従事する地方公務員」に限られるとして請求を**棄却**した。

- 一方、2審（東京高判1997年）は、統治作用直接行使公務員、統治作用間接行使公務員、補佐的技術的公務員の3分法。
- 統治作用間接行使公務員は、「職務の内容、権限と統治作用との関わり方及びその程度を個々、具体的に検討することによって、**国民主権の原理に照らし**」外国人の**就任の可否を区別**する必要がある。
- 「管理職であっても、専ら専門的・技術的な分野」のスタッフ職は、「公権力を行使することなく、また、公の意思の形成に参画する蓋然性が少なく、地方公共団体の行う統治作用に関わる程度の弱い管理職も存在する」。
- 管理職選考受験からの外国人の一律排除は、職業選択の自由と法の下の平等に反する。

最判（2005年）当然の法理と違う「想定の法理」

- 「**国民主権の原理**に基づき」、「原則として日本の国籍を有する者が公権力行使等地方公務員に就任することが想定されている」と判示し、基本的には原告らの訴えを退ける上で、国民と同じ憲法上の保障を否定するものの、立法政策の問題として、（従来の当然の法理の）禁止説とは異なり、（想定の法理は）許容説の立場に立っている。
- しかし、**国民主権原理**から「住民の権利義務を直接形成し、その範囲を確定するなどの公権力の行使に当たる行為を行い、若しくは普通地方公共団体の重要な施策に関する決定を行い、又はこれらに参画することを職務とするもの（公権力行使等地方公務員）」は、原則として日本国民の就任が「想定」されているという根拠は十分ではない。

- 「国民主権の原理に基づき、国及び普通地方公共団体による統治の在り方については日本国の統治者としての国民が最終的な責任を負うべきものであること（憲法１条、15条１項参照）に照らし」、
- ①　統治と行政の区別を無視する問題（→ドイツ）
- 「原則として日本の国籍を有する者が公権力行使等地方公務員に就任することが想定されているとみるべきであり、我が国以外の国家に帰属し、その国家との間でその国民としての権利義務を有する外国人が公権力行使等地方公務員に就任することは、本来我が国の法体系の想定するところではないものというべきである」。
- 外国の国民でもある複数国籍者も想定外？
- その場合、国民の間の平等違反の問題、主権者性の否定の問題
- 当然の法理の「兼子回答」：無定量の忠誠義務を前提とした「国家の対人主権をおかすおそれ」の焼き直し
- 「高辻回答」：「国の主権の維持と他国の対人高権の尊重」
- ②　国民主権と国家主権の混同の問題、法治主義違反の問題

１　ドイツ

- ①国民主権原理が制約根拠になるのではなく、法律の根拠が必要。
- 国民主権原理は、国家機関の監督者がドイツ人であることを要求するにすぎず、行政においては、国民意思の形成ではなく、その実施が重要 。
- 憲法上、公務就任権に関する国籍要件を導くことはできず 、法律上、官吏への外国人の任用が原則として禁じられているにすぎなかった。
- ＥＵ創設後、原則としてＥＵ市民も官吏に任用（原則と例外の逆転）
- 極端な場合、国家機密を扱う外交官であっても、フランスやイギリスやオランダなどと相互に交換派遣することも可能である 。
- ドイツに併合されたオーストリア人が独立後もドイツに住み続ける場合は、事実上の国籍選択権を認められた 。
- ②国籍選択権を認めず、生来取得の日本国籍を、自己の意思によらず喪失し、日本に住み続けながら不利益を被ることとの合理性は疑わしい。

2　フランス

- 憲法上、公務就任の基本条件を規律する権限は立法者に付与されている。2005年法律により、ＥＵ市民・ＥＥＡ市民に、「主権の行使と切り離すことができない、または国もしくはその他の公共団体における公権力の行使への直接ないしは間接的参加を含む」職でなければ、公務員に就任できる。
- 2002年のコンセイユ・デタの意見によれば、防衛、予算、経済、財務、法務、内務、警察、外交分野は、主権を示し、外国人には制限され、法規の起草、法的拘束力のある決定、その履行の監督、その違反への制裁、拘束や後見を含みうる施策の実施の要素を含む活動への参加は、公権力の行使への直接または間接的な参加への十分条件ではないが必要条件である 。
- ①国民主権原理が制約根拠になるものではなく、法律の根拠が必要。
- ②法律上、主権の行使や公権力の行使が制約基準とされているが、日本のように「公の意思の形成」という制約基準はみられない。
- ③旧植民地出身者が、植民地の独立後も、フランス本国に住み続ける場合、一般にフランス国籍の保持が認められる

3　イギリス

- イギリスでは、もともと、外国人とはみなされない英連邦諸国とアイルランド国民には以前から多くの門戸が開かれていた。
- 1991年からは、ＥＣ加盟国の国民も、ＥＣ委員会にしたがい、内閣府、国防省、外務省を除いて、門戸を開いている 。
- 1997年のEC（公務員における雇用）令によれば、国籍要件が必要な職は、公安、外交、防衛、公安情報にアクセスする職、国家安全保障上の利益を害するおそれのある情報にアクセスする職、国益と市民の安全を害するおそれのある情報にアクセスする職、入管職員である 。
- およそ95%の公務員の職は、国籍要件がない 。
- ①外国人に対し、就任を認めない公職は、法令に明示することが法の支配（法治主義）の実現にとっては重要。
- ②旧植民地出身者は、国民と同じ公務就任権が認められている。

4　イタリア

- イタリア憲法51条1項
- すべての男女の市民は、法律で定める資格にしたがい、平等の条件の下に、公務および選挙公職に就任することができる。
- 2001年の立法命令により、ＥＣ加盟国の国民が、直接または間接に公権力を行使せず、国家利益の保護に影響を与えない、公務就任が可能である。
- 国籍が必要なタイプの職は、公認や拘束的命令の起草・決定・執行、決定の適法性・適合性の審査を含む職種である 。
- ①「市民」の平等な就任権は、「市民のみ」の権利とは違い、禁止ではなく、許容説的な解釈が一般になされる。
- ②EUでは「公の意思の形成」という基準ではなく、「国家利益の保護」という基準が用いられる。

中国・イタリア警察共同パトロールは、4年目
（左はローマ、右は上海）
イタリア警官のみで中国の北京などのパトロールも
クロアチアとセルビアも中国と同様の協定

5　オランダ

- 公務員法上、「機密にかかわる職務」を除き外国人も就任可能。
- 国籍要件は、国会議員、全権公使、県議会議員、国王顧問、市長、司法官、国務院職員、会計検査院職員書記官、オンブズマン警察官、軍人、諜報勤務者など。
- その理由は、公権力を行使したり、国益に関するトップシークレットにアクセスするか、センシティブ情報に関係するからとされる 。
- 1989年に国会が国籍要件を課した4万の職務は、全公務員の5%だけ。
- ①公権力の行使や公の意思の形成という抽象的な制約基準ではなく、機密にかかわるという具体的な制約基準が根拠とされるべきである。
- ②管理職を含む地方公務員職からの外国人の排除は、平等違反。
- ③旧植民地出身者は国籍の選択を認められ、（オランダ国籍がない、無国籍のモルッカ人でも）公務員への任用は認められる。

6　スウェーデン

- 1974年スウェーデン憲法
- 裁判官、内閣直轄の行政官（検事総長、検事、最高司令官・防衛各部門の長）、
- 国会・内閣直轄機関の長・その機関の委員や理事（国会が選ぶ国立銀行の6人の理事と政府任命の理事長）、
- 大臣の管轄する内閣官房職員、外国派遣使節の公職。
- 国会での選挙によって任命される公職（国会オンブズマン、選挙審査委員会の委員、議員事務総長など） 。
- 2010年に改正された現行憲法では、公務就任権の国籍要件に関する一般規定をなくした。

- 11章11条　正規の裁判官は、スウェーデン市民でなければならない。その他、司法の任務を遂行する権限のための国籍要件は、法律により、または法律に定める条件に従ってのみ定められる。
- 12章6条　国会オンブズマン・会計検査官は、スウェーデン市民でなければならない。法務長官についても同様とする。その他、国家公務員職に就任する資格若しくは国またはコミューンにおいて任務を遂行する資格のための国籍要件は、法律または法律に定める条件に基づいてのみ、規定することができる。
- （国会議員、国家元首、大臣の国籍要件は、以前と同じ）。
- 公務員採用に関する法律5条：検察官、警察官、軍人はスウェーデン国籍が必要。
- 同6条によれば、政府は、以下の場合に国籍要件を定めることができる。
- 1. 内閣官房または外務省の職員、
- 2. 権力の行使、または外国もしくは国際機関と交渉する職、
- 3. 国家の安全や他の重要な一般ないし個別の経済的利益のため必要と思われる場合 。
- 地方公務員については、例外なく、外国人に公務就任が認められる 。
- 国家公務員の20-25%（4～5万）が、国民のみが就任可能であると推計 。
- 参審員には、国籍要件がある。

7　フィンランド

- 1989年以前のフィンランド憲法84条（国籍要件が原則の時代から）
- 本条に特別の定めがある場合を除き、フィンランド国民のみが公職に任命される。
- 技術的性質の職、大学または類似の教育施設における教員、学校における外国語教員、公の機関における翻訳者、名誉領事、公領事館における書記補助者、およびその他の臨時職には、フィンランド国民以外の者が就任できる。

- フィンランド憲法84条（1989年改正）（国籍要件は例外の時代へ）
- フィンランド国民だけが任命されるのは、法務大臣、法務副大臣、裁判官、軍司令官、フィンランド銀行理事、議会オンブズマンまたは副議会オンブズマンである。
- フィンランド国民だけが任命されるその他の公務員は、法律または法律の委任する規定により、決定される。

現行の1999年憲法125条1項

- 特定の公職または公的任務には、フィンランド国民のみが任命されることができる旨を法律で定めることができる。
- 国籍要件が課された公職は、公務員法(281/2000) 7条によれば、
- 1) 法務大臣、法務副大臣、法務省事務次官、法務省参事官、
- 2) 事務次官、官房長など、各省の局長レベル以上の公務員、
- 3) 外務省職員、4) 裁判官、5) （大学の学長を除く）独立行政法人の長、6) 自治省の県知事、7) 検察官、執行官、8) 警察官、9) 刑務所の理事、10) 防衛省職員、11) 公安職員、12) 税関職員、入管職員、
- 13) 空港職員の長、14) 海上保安庁長官などわずかである 。
- 参審員には、国籍要件がある。

8　アメリカ

- 州の公務員について、連邦最高裁判所は、一連の判決において、競争試験による公務員や公証人の職から外国人を排除する州法を無効とした。
- しかし、「政治共同体の基本コンセプトを維持する目的」で「代表政の核心に及ぶ作用を行なう広範な公共政策の形成・執行・審査に直接にたずさわる立法・行政・司法の選挙で選ばれた州の公務員や任命による要職」の場合は、国籍要件を認められる。
- 広範な公共政策の執行にたずさわる任命職である警察官や、「個人に対し強制力を行使する主権への参与」をなす保護監察官の場合に、国籍要件を支持。
- 今日の比較法上は異例なことながら、代表政の核心に及ぶ「政治機能」が強調された教員に対しても、国籍要件が支持されている。ただし、今日、実際には、語学の教員に限らず、外国人の教員採用を一般に認める州が多い。
- 一方、連邦の公務員について、最高裁は、より外国人差別に寛容である。この理由は、移民規制が連邦の権限であることにより、正当化される。
- 1977年の行政命令により、公務の能率を増進する必要がある場合を例外として、競争試験による公務員は、原則として外国人は排除されている

9　ニュージーランド

- 1912年の公務員法36条1項によれば、「生来のまたは帰化した臣民でなければ、総督が許可しなければ、公務員になることは認められない」と定められていた。
- しかし、今日最も門戸を開放しているこの国では、国籍要件の課される公職は、国会議員と公安職員だけといわれる。
- 事務次官にニュージーランド国民以外を任命することに障害はなく、1989年から1991年には、オーストラリア国民が住宅省、1992年から1995年にはカナダ国民が厚生省、1994年から1996年にはオーストラリア国民が運輸省でそれぞれ事務次官を勤めた後、本国に帰国した。
- したがって、他の国家公務員の職は、永住外国人も就任可能である。
- もちろん、地方公務員には国籍要件はない。

- **国民主権原理の解釈問題**

- ドイツにおいて国民主権原理は、単に国家機関の監督者がドイツ人であることを要求するにすぎず、行政においては、国民意思の形成ではなく、その実施が重要とされている。
- 地方公務員の公権力の行使を主権の問題と考えることは、国民による最高の意思決定としての国民主権の本来の意味を無視した、ナショナリズムに偏した解釈といえよう。

①国民主権の民主主義の側面を純化すれば、
- 憲法改正権を国民が保持すれば、立法・司法・行政といった主権（最高権力）の下位のものに外国人が関与することは可能
（ただし、違憲審査権を行使する裁判官も、国民に限定しうる）

②統治と行政の区別をすれば、
行政庁に国民が選ばれれば、補助する公務員は外国人の認容可
そのアナロジーからは、
裁判官に国民が選ばれれば、補助する司法委員は外国人の認容可

③国家主権と国民主権の区別をすれば、
憲法上の制約の根拠はなく、法律上の明確な制約根拠が必要。

対人主権（国家主権の国民に対する権能）から公務員の国籍要件を導く憲法の明文上の根拠はない。

- 最高裁は、2審とは違い、憲法22条1項の判断をしていない。

- しかし、泉裁判官の**反対意見**はいう。
- 特別永住者に対し、国は「その活動を特に制限していない」、
- 「職業選択の自由は、経済活動の自由にとどまらず、職業を通じて自己の能力を発揮し、自己実現を図るという人格的側面を有している」、
- 憲法8章は地方自治の担い手を「住民」と定めているが、「地方公共団体との結びつき」からして「特別永住者は、その住所を有する地方公共団体の自治の担い手の一人である」。
- 国民主権原理が制約根拠となりうるとしても「課長級の職には、自己統治の過程に密接に関係する職員以外の職員が相当数含まれていること」を考慮すれば、受験拒否は、法の下の平等と職業選択の自由に反する。

「公権力行使等地方公務員の職とこれに昇任するのに必要な職務経験を積むために経るべき職とを包含する一体的な管理職の任用制度を構築して人事の適正な運用を図ることも，その判断により行うことができる」

- しかし、この理由を敷衍する藤田裁判官の**補足意見**のいう「全体としての人事の流動性を著しく損なう結果となる可能性」が、現実味をもちうるかは疑問である。
- むしろ、滝井裁判官の**反対意見**にあるように、国籍のみを理由として一切の管理職への昇任のみちを閉ざすことは、人事の適正な運用という「目的の正当性は是認しうるにしろ、それを達成する手段としては実質的関連性を欠き、合理的な理由に基づくものとはいえない」ものと思われる。
- さらに、単なる国籍差別ではなく、特別永住者の場合のナショナル・オリジンによる差別には、厳格な審査が必要では？

武生市（現在の越前市）など277市町村（政令市の相模原市も）

- 武生（たけふ）市　全職種で任用制限なし（ただし越前市になるまで、外国人の採用実績もなし。越前市は2016年にブラジル人を採用）
- 地方自治法147条において、「普通地方公共団体の長は、当該普通地方公共団体を統轄し、これを代表する」とあり、一般職地方公務員については、市民全体の奉仕者としての職責を自覚し、法令、条例，規則等および上司の職務上の命令に従い、誠実公正かつ能率的に職務を遂行しなければならないが、あくまで 普通地方公共団体の長を補佐、補助するものである。
- 公権力の行使、公の意思の形成への参画について、研究を重ねてきたが、最終的には、上記のことを根拠とするならば、一般職地方公務員への外国人の採用に ついては、間題となるものは見つからなかった。
- また、条件付き採用については、一般織として同じスタートラインに並んだ職員に、配置や任用で差が出る運用は好ましいものとは思われない。
- しかし、地方都市特有の閉鎖的感情が存在する中で国際化時代の共生共存について現実とのギャップが市民の中にあることも否めない、市民の感情や世間の風評を熟慮し、慎重に対応すべきであると考える。1999年4月回答

共同通信の自治体アンケート（2016年、橋田）

- 地方自治体に勤める外国人の常勤公務員は、47都道府県、1612市区町村、合計1,659自治体（全都道府県47、全市区町村1,741）においての集計では689人だった。

- 日本政府の1988年の集計では539人だったため、
- 3割近く増えた。
- 内訳は市区町村が494人、都道府県が195人だった。

回答	一般事務				教育公務員				医師・看護師			
	国籍要件あり	国籍要件なし	うち任用要件あり	うち任用要件なし	国籍要件あり	国籍要件なし	うち任用要件あり	うち任用要件なし	国籍要件あり	国籍要件なし	うち任用要件あり	うち任用要件なし
市区町村	672	487	179	277	399	476	154	279	351	505	142	317
1612	42%	30%	11%	17%	25%	30%	10%	17%	22%	31%	9%	20%
都道府県	35	10	10	0	7	38	35	3	3	38	20	17
47	74%	21%	21%	0%	15%	81%	74%	6%	6%	81%	43%	36%
自治体全体	707	497	189	277	406	514	189	282	354	543	162	334
1659	43%	30%	11%	17%	24%	31%	11%	17%	21%	33%	10%	20%

回答	助産師・保健師				保育士				調理師			
	国籍要件あり	国籍要件なし	うち任用要件あり	うち任用要件なし	国籍要件あり	国籍要件なし	うち任用要件あり	うち任用要件なし	国籍要件あり	国籍要件なし	うち任用要件あり	うち任用要件なし
市区町村	507	578	188	343	470	569	184	334	371	500	121	334
1612	31%	36%	12%	21%	29%	35%	11%	21%	23%	31%	8%	21%
都道府県	2	42	21	20	3	29	16	11	1	25	8	15
47	4%	89%	45%	43%	6%	62%	34%	23%	2%	53%	17%	32%
自治体全体	509	620	209	363	473	598	200	345	372	525	129	349
1659	31%	37%	13%	22%	29%	36%	12%	21%	22%	32%	8%	21%

消防団員

- 公権力の行使に関わらない機能で入団を認める「機能別消防団」（消防庁・消防審議会・2005年）
- 立ち入りや家屋の破壊をともなう消火活動の扱い
- 1613市区町村のうち9%の147自治体（2016年共同通信調査）
- 都道府県別に見ると兵庫が26%と最多。
- 茨城と静岡も20%を超えていた。
- 地震で被災した熊本県南阿蘇村でもカナダ人団員。
- 約1100の自治体（68%）は「現在はいないが任用可能」と答えており、今後も増加しそうな勢い。

外国人代表者会議、住民投票権、多文化共生推進条例

- 川崎市外国人市民代表者会議（1996年）～
- 高浜市住民投票条例（2000年）～
- 宮城県多文化共生推進条例（2007年）～

- 差別禁止法　？年
- 自由権規約などの個人通報制度　？年
- 外国人の地方参政権　？年
- 複数国籍の原則容認　？年

参考文献

- 近藤敦「諸外国における公務員の就任権」『法律時報』956号（2005年）
- 同　「特別永住者のNational Originに基づく差別：公務員の昇任差別の実質的根拠」『国際人権』17号（2006年）
- 同　『外国人の人権と市民権』（明石書店、2001年）

同編　『外国人の人権へのアプローチ』（明石書店、2015年）

- 同　『人権法』（日本評論社、2016年）
- 同　『多文化共生と人権』（明石書店、2019年）
- 同　「外国人の公務就任権」『憲法判例百選I〔第7版〕』（有斐閣、2019年）

補遺（2023年2月15日）

- その後、自由権規約委員会も、2022年11月3日に日本の第7回定期報告に対する総括所見において、「「国民的または民族的マイノリティとして認められるべき、植民地時代から日本に居住しているコリアンとその子孫」に「地方選挙権を認めるよう関連法の改正を検討すべきである」と勧告した（42・43段落）。
- 2020年の後天的な国籍取得の日本の比率は、0.3になっている。
- （在外邦人の）複数国籍に不寛容な国は（2020年）では、195カ国中47カ国≒24%（148か国≒76%が容認）になっている。
- 何らかの形で外国人参政権を有する国は69～71カ国になっている。（ロシアがベラルーシ、キルギスタン、タジキスタン、トルクメニスタンと相互に地方選挙権を認める条約を結んだが、後2国での制度は確認できていない。また、カナダのサスカチュワン州でも古くから住む英連邦市民に選挙人登録を依然として認めている）。

- 諸外国では、法の支配は、憲法の基本原理であり、法令の定めなしに公務員の国籍要件を課すことは、法の支配に反する。
- 日本でも「基本的人権の尊重」という基本原理の中に裁判所による「法の支配」の基本原理が内包されている。
- 法令上の明文の根拠なしに調停委員に国籍要件を課すことは、法の支配に反し、「国政の上で、最大の尊重を必要とする」個人の「自由」が、「法律の定める手続」によらず、最高裁の司法行政により、奪われていることは、憲法「31条と結びついた13条」の適正手続違反である。
- 参考文献

- 近藤敦『移民の人権』（明石書店、2021年）
- 同　『国際人権法と憲法』（明石書店、2023年）

近藤　敦（こんどう　あつし）

名城大学法学部教授、専攻は憲法。著書に、『移民の人権』（明石書店、二〇二一年）など。

資料9

家事調停委員の外国人差別発言におもうこと

愛知県弁護士会　弁護士　裵明玉

二〇二二年三月に、ヴェトナム国籍の妻が申立人の離婚調停で、担当の調停委員より差別発言を受け、裁判所より謝罪を受けるという経験をしました。この件をSNSに投稿したところ本稿のご依頼を頂いたため、事案のご報告とともに、問題の背景や裁判所はどうあるべきかについても考えてみたいと思います。

1　調停委員の差別的発言と裁判所の対応

依頼者は、留学生として来日し、日本国籍・日本ルーツの男性と婚姻後、DV被害を受け、離婚調停を申し立てました。相手方からも面会交流調停が申し立てられたため、男女の調停委員とともに第一回から家庭裁判所調査官も参加して調停期日が開かれました。期日の終了間際、代理人のみが調停室に入り、次回期日の調整を行った際、男性調停委員（以下、「A委員」とします）から耳を疑う発言がありました。「先生は依頼者のいうことを信用しているのか？　相手方は彼女がヴェトナム人の違法派遣の元締めで黒い商売をしていると言っている」と質問されたのです（A委員の発言は筆者の記憶に基づくものであり、一言一句の記録はないため、おおよそこういった内容の発言をされたものとご理解ください）。

まず、依頼者の利益のために活動する代理人に、「依頼者を信用しているか否か」を答えさせようとする意図がわからず、調停の進行には明らかに不必要な質問でした。また、この時点で、相手方の主張を裏付ける証拠は一切提出されておらず、夫婦が共同で経営していた飲食店の負債が話題に上っており、調停委員が、相手方の言い分を真実と考える特段の客観的な材料もありませんでした。むしろ、相手方の身体的暴力について警察の相談票が提出されている本件のような場合、多くの調停委員は、ＤＶ加害者の妻を攻撃する言動として慎重に取り扱う種類の発言ではないかと訝しく思いました。

Ａ委員は続けて「外国人は子どもとの関係だけで親権が取れると思い込んで騒ぐ人が多い。他にも経済面やいろんな条件があることを理解しない」といいました。

これを聞いた私は、外国人（ここでは、外国籍者及び外国ルーツの方を指すものとして使います）に対する物の見方があまりに一面的、差別的であると感じました。日本語が母語ではない方々にとって、親権、監護権等の法律用語を正確に理解することは容易ではありません。そのようなハンディを顧みず、またそのハンディを埋める術（多言語の手続案内や通訳サービスなど）を持たない調停手続に対する内省もなく、法律問題への理解不足を外国人一般の能力や性質の問題であるかのようにあげつらうことに対して強い憤りを感じました。そもそも、氏名から明らかに外国人である代理人を前にして、「外国人はこう！」と一面的にものが言える無神経さにも驚愕しました。

そこで、日本人が様々であるように、外国人も外国人であるというだけで一括りにするのはおかしいこと、依頼者は外国籍であることで不利になるのではないかと中立を躊躇っていたが、司法手続は公平であると説明し中立に至ったことを伝え、これ以上同様の発言を繰り返さないようクギを刺しました。

しかし、依頼者が欠席した第六回調停で、Ａ委員はまたしても「外国人は途中で面倒になって、もうとにかく終わらせたいとなる人が多い。中立人もその可能性がある。」と発言し、次回までに様々な条件面で譲歩するか否かを確認するように求めてきました。依頼者の主張に沿った調停官の心証が開示されたタイミングでもあったため、私は、調停委員が人種・民族に対する差別・偏見に基づいて権限を行使することは許されず、今後も外国籍者に対する偏見に基づく発言が続くなら家裁に正式に申し入れをして対応を求めるしかない、と怒りを隠さずに伝えました。陪席の調停委員、調査官に対しても、A委員の今までの発言をどのように受け止めているのか、裁判所職員として容認するのかと問いただしたところ、調査官より、「初回から先生に指摘を受けていたこと。裁判所職員としてお詫び申し上げる。裁判所として共有し対応する」と謝罪がありました。担当調査官は、日本語能力のために言葉足らずになりがちな申立人の主張を常に正確にくみ取ろうと、時間をかけて丁寧に対応してくださっていたので、その日の抗議はそれで終え、裁判所の対応を待つことにしました。なお、A委員も「すみません～」と形式的には謝罪していましたが、悪びれた様子もなく、抗議の趣旨も伝わっていない様子でした。

その週内に担当書記官から、調査の結果、A委員には不適切な発言が認められたため謝罪する、A委員は注意指導の上本件の担当から外す、裁判所全体で事案を共有し再発防止に努めるとの連絡がありました。また、依頼者に対しては、別途裁判所より直接謝罪を行いたいとのことでした。

2　差別発言の背景にある問題

A委員の発言は、日本語能力で不利であるために外国人が参加する手続きで起こりがちな問題を、外国人一般の性質の問題に帰せしめているという点に問題があります。このような発言の背景には、日本の司法手続は日本人のものであるという誤った理解、もっと言えば傲慢さがあるのではないでしょうか。

そして、そのような傲慢さを生む背景に、外国人にも平等に裁判を受ける権利があるにもかかわらず、家事調停では、その権利を実質化する言語面の障壁を埋めるサービスがないという制度自体の貧しさがあると思います。この原稿を書くにあたり調べたところ、韓国の家庭裁判所には、家庭裁判所を訪問する外国人と裁判所職員の相談に対する通訳や書類作成に対する援助を行う「通訳奉仕者」が配置され、中国語、英語、日本語等様々な言語に対応しているようです。また、「外国人のための指定弁護士制度」があり、裁判所と弁護士会が連携し、外国人の問い合わせに対し、裁判所が外国人訴訟救助弁護士団を案内して、弁護士の選任に困難を生じないよう助力する取り組みも案内されていました。日本でもこのような制度が必要だと思います。

また、長年日弁連等から憲法１４条違反との指摘を受けている外国籍調停委員の任命拒否問題が解決されていないことも、このような調停委員を生む遠因になっていないでしょうか。外国籍者にも司法修習生となる道が開かれて以降、多くの外国籍弁護士が、その言語的・文化的背景を生かして、外国人の司法アクセスに寄与してきた実績は確かなものです。外国籍調停委員が各地で任命されれば、当事者の言い分や抱えている問題を的確にくみ取り、日本の家裁実務に対する理解を促しながら合意形成に導いていくことが容易になると思われ、裁判所がその任務をより適切に果たせるようになるはずです。加えて、外国籍者が「同僚」になることにより、裁判官をはじめとする裁判所職員の意識も変化することが期待されます。

二〇〇八年の弁護士登録後、多くの外国人当事者の事件を経験してきましたが、このような調停委員は初めてとＳＮＳに書いたところ、残念ながらまだこのようなことはあるというコメントを頂きました。一つ一つの差別発言を許さないことはもちろん、弁護士として外国人の司法アクセスを改善するための制度的提言を続けていくことの重要性も実感する出来事でした。

裵明玉（ぺみょんおく）
二〇〇八年弁護士登録。弁護士法人名古屋北法律事務所ちくさ事務所。コラム執筆『外国人の子ども白書』（明石書店、二〇二二年）など。

資料10　調停委員への国籍による排除

坂本洋子

（「『外国籍者は調停委員になれない』問題を問う」
『時の法令』NO.2105,2020.9.15より）

はじめに

日本では、外国籍者は民事調停委員や家事調停委員になることができない。

民事調停委員や家事調停員は非常勤の裁判所職員（公務員）だが、「その任免に関して必要な事項は、最高裁判所が定める」（民事調停法8条2項、家事審判法22条の2第2項）とされ、最高裁は外国籍者を拒否し続けている。最高裁は、拒否の理由について、「調停委員も非常勤の公務員、裁判所職員に当たり、公権力の行使又は国家意思の形成への参画に携わる公務員となるためには、日本国籍を必要とするのが公務員全般に関する『当然の法理』であると解されている」ことを前提に「調停委員は公権力の行使又は国家意思の形成への参画に携わる公務員に該当する」と主張する。

しかし、これは外国籍者を拒否する理由となり得るだろうか。疑問の声は、弁護士会や法学者、裁判官からも上がり、国会でもたびたび指摘されてきた。

そこで、外国籍者を拒否することが調停制度の趣旨に適うのか。また、最高裁の主張に合理性があるのかなどについて、法的手続きにおいて外国籍者の人権を確保するという観点から考えてみたい。なお、裁判所が選任する非常勤の公務員には調停委員、司法委員、参与員などがあるが、本稿では、家事調停委員に絞って取り上げる。

Ⅰ　調停委員への外国籍弁護士拒否の経緯

神戸家庭裁判所から家事調停委員推薦依頼を受けた兵庫県弁護士会は二〇〇三年一〇月、韓国籍の梁英子弁護士を候補として推薦した。ところが、神戸家裁は梁弁護士が外国籍であることを理由に最高裁への任命上申を拒否した。そのため、梁弁護士は家事調停委員に就任することができなかった。これが問題の発端である。

民事調停委員及び家事調停委員規則1条では、「民事調停委員及び家事調停委員は、弁護士となる資格を有する者、民事若しくは家事の紛争の解決に有用な専門的知識経験を有する者又は社会生活の上で豊富な知識経験を有する者で、人格識見の高い年齢四〇年以上七〇年未満のものの中から、最高裁判所が任命する。（略）」と定めているが、国籍は任命の要件としていない。

兵庫県弁護士会は、近畿には在日外国人も多いことから、近畿弁護士連合会（近弁連）と協議して、近弁連プロジェクトチーム（ＰＴ）として継続的に取り組むこととし、シンポジウムの開催、最高裁や家庭裁判所への照会や申し入れなどを重ねてきた。この動きは、各地の弁護士会にも広がり、日弁連にもＰＴが設置されるなど、弁護士会全体の問題として扱われることとなった。

ちなみに梁弁護士の推薦は、家裁から推薦依頼がなかった年などを除いて、ほぼ毎回行われ、一四回に上っている。裁判所は外国籍というだけで一四回も拒否しているが、兵庫県弁護士会の推薦委員会は、最高裁による差別だとして「一歩も引かない」構えだ。

Ⅱ　調停委員の任命

先に述べたとおり、家事調停委員の任命については、家事審判法で最高裁が必要事項を定めるとしているだけで、規則でも国籍は要件にしていない。調停委員の任命は、最高裁内部で、最高裁長官または最高裁事務総長に委任されている。最高裁裁判官会議は関与していないという。

一九七四年七月二二日付の最高裁事務総長依命通達によると、地方裁判所及び裁判所は、調停委員として相当と認める候補者を、所轄高等裁判所を経由して最高裁に上申する。候補者の選考は、調停委員の職業、専門分野等の構成が全体として適正なものとなるよう、あらかじめ適切な計画を立て、地方公共団体、弁護士会、医師会、大学、不動産鑑定協会その他適当と認められる団体に候補者とすべき者の推薦を求めるなど、広く社会の各界から適任者を得るように努めなければならない。候補者とすべき者は、推薦者及び適当な関係者から経歴、業績、社会的活動状況等を聴取するなど、その人物、識見を知るための参考となる事項について調査する。特に必要がないと認められる場合を除き、裁判官が面接を行う、とされている。

地裁及び高裁は、外国籍弁護士を調停委員候補者として最高裁へ上申することを拒否しているが、これは、最高裁事務当局の指示によるものだ。

最高裁事務総局は高良鉄美参議院議員事務所の求めに応じ、「民事調停委員・家事調停委員の法令上の権限、職務内容等としては、①裁判官と共に調停委員会を構成して調停の成立に向けて活動を行い、調停委員会の決議はその過半数の意見によるとされていること、②調停が成立した場合の調停調書の記載は確定判決と同一の効力を有すること、③調停委員会の呼出、命令、措置には過料の制裁があること、④調停委員会は、事実の調査及び必要と認める証拠調べを行う権限を有していること等があり、これらによれば、調停委員は公権力の行使又は国家意思の形成への参画に携わる公務員に該当し、その就任には日本国籍を必要とすると考えている。」と回答している。（①②

（③④は筆者加筆）

しかし、調停委員の職務が公権力の行使や、国家意思の形成に参画しているといえるだろうか。法律や規則や通達に基づかずに権利を制限することが憲法上許されるだろうか。

Ⅲ　公務員は日本国籍に限られるのか

最高裁は、日本国籍を必要とするのが公務員全般に関する「当然の法理」などとして、非常勤公務員の調停委員にも国籍は必要であると主張する。

しかし、一九五三年三月二五日の内閣法制局第一部長回答によれば、「法の明文の規定でその旨が特に定められている場合を別とすれば、一般にわが国籍の保有がわが国の公務員の就任に必要とされる能力要件である旨の法の明文の規定が存在するわけではないが、公務員に関する当然の法理として、公権力の行使又は国家意思の形成への参画にたずさわる公務員となるためには日本国籍を必要とするものと解すべきであり、他方においてそれ以外の公務員となるためには日本国籍を必要としないものと解せられる。」としている。

また、二〇〇五年一月二六日の東京都管理職試験受験訴訟判決において最高裁大法廷は、「地方公務員のうち、住民の権利義務を直接形成し、その範囲を確定するなどの公権力の行使に当たる行為を行い、若しくは普通地方公共団体の重要な施策に関する決定を行い、又はこれらに参画することを職務とするものについては、次のように解するのが相当である。（中略）外国人が公権力行使等地方公務員に就任することは、本来我が国の法体系の想定するところではないものというべきである。」との判断を示した。

国の行政機関と東京都の採用状況について高良事務所が調査した結果をみると、対応は一律ではなく各府省に委ねられている（表参照）。

厚生労働省	常勤職員については、業務の内容が「公権力の行使又は国家意思の形成への参画に携わる」場合もあることから、昭和 28 年 3 月 25 日の内閣法制局回答等も踏まえ、「日本国籍を有すること」を採用の条件としており、外国籍の者は採用していない。	非常勤職員など公権力の行使又は国家意思の形成への参画に携わらない官職については、「日本国籍を有すること」を採用の条件にはしていない。	当省所管の審議会委員の任命に関しては、「日本国籍を有すること」を要件とする規定はない。
原子力規制庁	原子力規制庁の採用においては、常勤・非常勤ともに日本国籍を有しない者の応募は認めていない。	原子力規制庁の採用においては、常勤・非常勤ともに日本国籍を有しない者の応募は認めていない。	原子炉安全専門審査会等の主立った審議会等委員の任命については、国籍要件を設けているものはない。
内閣府	常勤職員については、公権力の行使又は国家意思の形成への参画に携わることが想定されることから日本国籍を有することを確認している。	非常勤職員については、公権力の行使又は国家意思の形成への参画に携わることが想定されない場合には、日本国籍を要件とはしていない。	審議会等について、昭和 28 年 3 月 25 日の内閣法制局の見解を踏まえ、任命行為を行っている。なお、法令上、宇宙政策委員会と日本医療研究開発機構審議会は外国人を任命することができるとされている。
文部科学省	昭和 28 年 3 月 25 日法制局第一部長回答のとおり、公権力の行使又は国家意思の形成への参画に携わる常勤職員には外国人を採用していない。	一部の非常勤職員については、外国人の採用を排除するものではないと考えている。	現在、独立行政法人通則法第 35 条の 4 第 5 項に基づき、研究開発法人に関する審議会委員に登用されている外国人がいる。
農林水産省	昭和 28 年 3 月 25 日法制局第一部長回答のとおり、公権力の行使又は国家意思の形成への参画に携わる官職には外国人を採用していない。	例えば一部の非常勤職員など公権力の行使又は国家意思の形成への参画に携わらない官職については、外国人の採用を排除するものではないと考えている。	農業委員については、農業委員会等に関する法律(昭和 26 年法律第 88 号)において、農業委員の任命については国籍を要件としていない。
総務省	公権力の行使又は国家意思の形成への参画に携わる官職には外国人を採用していない。	同上	所管する審議会委員に外国人はいない。
国土交通省	昭和 28 年 3 月 25 日法制局第一部長回答のとおり、公権力の行使又は国家意思の形成への参画に携わる官職には外国人を採用していない。	同上	各種委員会の委員等についても（非常勤公務員と）同様。
財務省	同上	同上	財政制度等審議会委員など審議会委員が該当するが、当該委員は非常勤の国家公務員であるため（非常勤と同じ扱い）
環境省	外国籍を有する常勤職員は採用していない。	非常勤職員については、公権力の行使等に携わる業務に関連する場合には日本国籍を有することを条件としているが、国籍要件を設けていない採用もある。	中央環境審議会等の委員の任命については国籍要件を設けているものはない。

（出典）「外国籍者は調停委員になれない」問題を問う『時の法令』2105 号（朝陽会 2020 年 9 月 15 日）に加筆

表１　国家公務員等採用状況調べ（2020 年 7-8 月調査）

府省庁名	公務員	非常勤公務員	その他
警察庁	警察庁及び都道府県警察の常勤の職員については、日本国籍を有する者を採用している。	都道府県警察職員のうち非常勤の職については、各地方公共団体において定めるところにより、日本国籍を有しない者が採用されている例があるものと承知している。	国家公安委員会及び都道府県公安委員会においては、日本国籍を有する者が委員として選任されている。
復興庁	復興庁は、時限組織であり、各省庁等からの出向職員で構成されており、定員職員の採用は行っていないので外国籍の公務員はいない。	復興庁においても非常勤職員を採用しているが、外国籍の非常勤職員はいない。	一般職公務員以外に復興推進委員を選任しているが、復興推進委員についても、現在外国籍の委員はいない。なお、復興推進委員の選任において国籍に制限は設けていない。
経済産業省	公権力の行使又は国家意思の形成への参画に携わる官職には外国籍を有する方は採用していない。	一部の非常勤職員など、公権力の行使又は国家意思の形成への参画に携わらない官職について、外国籍を有する方の採用を排除するものではないと考えている。	該当（する委員会は）なし
法務省	公権力の行使又は国家意思の形成に携わらない公務員については、常勤、非常勤問わず採用できるものと考えている。	公権力の行使又は国家意思の形成に携わらない公務員については、常勤、非常勤問わず採用できるものと考えている。	法務省所管の委員において、その根拠法令上、外国籍の方が委員に就任できない規定は確認できなかった。人権擁護委員については、人権擁護委員法（昭和 24 年法律第 139 号）第 6 条第 3 項により、市町村の議会の議員の選挙権を有する住民の中から推薦されることとされている。
人事院	職員の採用に当たっては、外国籍の有無は確認しておらず、外国籍を有する者の採用状況は把握していない。なお、常勤職員については、全て日本国籍を有している。	非常勤職員については、国籍を任用の要件とはしていない。	人事院の所管する委員には、国籍を任用の要件としているものはない。
防衛省	日本国籍を有しない者は、自衛隊員として採用していない。我が国においては、「一般にわが国籍の保有がわが国の公務員の就任に必要とされる能力要件である旨の法の明文の規定が存在するわけではないが、公務員に関する当然の法理として、公権力の行使又は国家意思の形成への参画に携わる公務員となるためには日本国籍を必要とする」（昭和 28 年 3 月 25 日法制局一発第 29 号）とされており、自衛隊員は、公権力の行使又は国家意思の形成への参画にたずさわる公務員であることから、防衛省・自衛隊においては、日本国籍を有しない者は自衛隊員として採用していない。	日本国籍を有しない者は、非常勤職員や任期付き職員であっても、自衛隊員として採用していない。	該当（する委員会は）なし
外務省	外務省公務員法第 7 条の規定により、外国の国籍を有する者は、外務公務員になることができない。	非常勤職員は、外務公務員法上の「外務公務員」に当たるが、外務公務員法第 7 条の規定により、外国の国籍を有する者は外務公務員になることはできない。	委員会を所管していない。

非常勤公務員に外国籍者を認めていないのは、外務省、防衛省、原子力規制庁だけである。人事院は、「非常勤職員については、国籍を任用の要件とはしていない」とし、他の多くの府省も、「一部の非常勤公務員など、公権力の行使又は国家意思の形成への参画に携わらない官職について、外国籍を有する方の採用を排除するものではない」と回答している。法務省は、「公権力の行使又は国家意思の形成に携わらない公務員については、常勤、非常勤問わず採用できるものと考えている。」と回答し、雇用形態ではなく職務内容によるとしている。

他方、地方公務員である東京都職員についての調査では、二〇二〇年四月一日現在で、外国籍公務員は二三人在籍し、職層は主事、主任、課長代理と様々だ。東京都は「職員の採用に当たって、公権力の行使又は公の意思の形成への参画に携わる職員になるためには、日本国籍を必要とするという公務員に関する当然の法理に抵触しない範囲内で、採用後の任用制度との整合性を考慮し、国籍要件の解除可能な職種については解除し、外国人の採用機会を設けている」と回答した。

Ⅳ　調停委員は公権力といえるか

最高裁は、調停委員が公権力の行使又は国家意思の形成に参画する公務員だから外国籍の就任は認められないと主張している。調停委員の職務内容をみても、国家意思の形成に参画しないことは明らかである。では、調停委員は公権力を行使していると言えるのだろうか。

前述のとおり、最高裁事務総局による回答は、①「調停委員は裁判官と共に調停委員会を構成して調停の成立に向けて活動を行い、調停委員会の決議はその過半数の意見によることとされている」である。しかし、調停委員会も説得調整活動を行うだけである。当事者が合意しなければ調停は成立しない。

また、②「調停が成立した場合の調停調書の記載は確定判決と同一の効力を有する」というが、当事者が合意しなければ調停は成立しない。調停委員会が公権力を行使して調停を成立させるものではない。民事調停法17条の「調停に代わる決定」（調停が整わないときに行う）をするのは「裁判所」である。

さらに、③「調停委員会の呼出、命令、措置には過料の制裁がある」という。しかし、過料を科すのは「裁判所」である（民事調停法34条、35条）。

加えて、④「調停委員会は、事実の調査及び必要と認める証拠調べを行う権限等を有する」（民事調停法12条の7）という。しかし、事実の調査及び証拠調べは強制力を有しない。

つまり、最高裁事務総局が公権力の行使として挙げたすべてが、公権的判断を行うものではなく、公権力行使とは言えない。法律の規定にもなく、正当な理由もなく、外国籍弁護士を調停委員から排除し、差別することは、明らかに憲法14条1項違反である。

Ⅴ　外国籍者を認めた先例

外国籍者を認めた先例はあった。張有忠弁護士は一九七四年一月、台湾籍のまま民事調停委員に任命され、一九八八年三月まで務め、大阪地裁所長表彰まで受けた。

各府省への調査では、所管の委員について国籍を任用の要件にしている府省はほとんどなかった。裁判所が選任する破産管財人についてはどうか。

破産財団に属する財産の管理等を行う破産管財人は、職務の執行に際し抵抗を受けるときは、その抵抗を排除するために、裁判所の許可を受けて、警察上の援助を求めることができる（破産法84条）。破産管財人の職務を妨害した者に対しては罰則がある（同272条）。破産管財人は、破産者等に説明を求め、又は破産財団に関する帳簿、書類その他の物件を検査することができる（同83条1項）。説明及び検査の拒否については罰則がある（同268

条）。破産債権の調査において、破産管財人が認め、届出債権者が異議を述べなかった結果を裁判所書記官が破産債権者表へ記載したときは、確定判決と同じ効力を有する（同124条）。このように、破産管財人には調停委員とは比較にならないほどの公権力がある。その破産管財人には、多くの外国籍弁護士が就任している。

参議院法務委員会で髙良議員がこの点を指摘したところ、最高裁の堀田眞哉人事局長は、「破産管財人は公務員ではございませんので、非常勤の公務員であります調停委員とはその身分が異なるということになります。そのため、その就任に日本国籍を必要とするかどうかという点につきましては、同列に論じることはできない」と答弁をした。

髙良議員は、「公務員でない人が、公権力を行使するわけですね」と皮肉を込めた（二〇二〇年五月二八日の参議院法務委員会議事録）。

そもそも、最高裁は、公務員は公権力を行使するから、非常勤の公務員である調停委員も「当然の法理」として日本国籍しか認めてこなかったはずだ。これでは論理が破綻しているという誹りは免れない。

Ⅵ 国会での質疑

最高裁が、公的な場で調停委員に外国籍者を認めないと表明したのは、二〇一〇年の衆議院法務委員会での答弁である。

質問に立ったのは、当時野党であった自民党の稲田朋美議員だ。稲田議員は外国籍者に資格を認めることに慎重な立場で、外国籍者が調停委員に採用されるかどうかを尋ねた。これに対し、最高裁の大谷直人人事局長（当時）は、「裁判所の非常勤である調停委員などにつきましては、公権力の行使に当たる行為を行うとともに、公権力の行使に当たる行為に参画することを職務とする公務員に該当するということで、その就任のためには日本の国籍が必要であると考えている」と答弁した。

稲田議員が、「裁判官にかわるような、かなり事件に立ち入った判断も任され」る立場と前置きして、国籍条項があるのか尋ねたところ、大谷人事局長は、「国籍条項等について、法律上の規定はございません。先ほど申しましたのは、これを取り扱っております事務当局としてそういう考え方で運用している」と答弁し、法律に規定がないのに、事務当局の運用で外国籍者を排除していることが明らかにされた。この答弁以降、最高裁は、国会質疑でどのような求めにも応じず、頑な姿勢をとっている。

その後、参議院法務委員会では、最高裁に見直しを求める質問がたびたび行われている。

二〇一八年三月二二日に無所属（当時）の山口和之議員は、「調停委員を日本人に限定する運用をしているということは、法令の根拠に基づかず、権利、自由を制約するものであり、法の支配の理念に反しております。また、恣意的な運用とのそしりを免れず、裁判所への信用を損なうおそれが大きい」と、最高裁の対応を強く批判した。山口議員は同年一二月六日にも見直しを求めた。

二〇一九年四月二三日には公明党の伊藤孝江議員が質問した。伊藤議員は家事調停委員の経験を持つ弁護士の立場から、外国籍者を排除している運用上の問題だけでなく、外国籍者や外国にルーツを持つ人が当事者となることもあることから、当事者の母国の文化や考え方を理解するうえで外国籍者の登用には意義があることを強調した。

二〇二〇年四月七日、一六日、五月二八日には高良議員が質問した。憲法学者であり、自身の教え子が調停委員任命から排除されていることを知った高良議員は、最高裁の答弁を聞いて、「法教育に携わって長いんですが、『当然の法理』というのはもう死語じゃないかと私は思っていた」と、驚きを隠さなかった。高良議員は、最高裁が「当然の法理」を用いて外国籍者を排除していることについて、「法の支配」や憲法の規定の観点から疑問を呈した。

国会で、これほど多くの問題点が指摘されながら、最高裁が事務当局の運用見直しを行おうとしないのは問題である（以上は、二〇一〇年三月一二日の衆議院法務委員会議事録、二〇一八年三月二二日、一二月六日、二〇一九年四月

二三日、二〇二〇年四月七日・一六日、五月二八日の参議院法務委員会議事録を参照)。

Ⅶ　国連からの指摘

見直しは、弁護士会、国会だけでなく、国連人権機関からも求められている。

国連人種差別撤廃委員会は二〇一〇年三月九日、日本の第三回～第六回報告審査の総括所見で、調停処理を行う候補者として推薦された能力のある日本国籍を持たない者が家庭裁判所で活動できるように、締約国の立場を見直すことを勧告した。

また、第七回～第九回報告審査の総括所見では、二〇一四年八月二八日、二〇一〇年の勧告内容に加え、「長期にわたり締約国に住んでいる日本国籍でない者に相当の注意を払いつつ」と加え、外国籍者による公職へのさらなる参画を促進するために法的及び行政的制限を取り除くよう勧告した。

さらに、第一〇回、第一一回報告審査の総括所見で二〇一八年八月二八日、「特に外国人長期在留者及びその子孫に対して，公権力の行使又は公の意思の形成への参画に携わる公職へのアクセスを認めること」を勧告した。

憲法98条2項には、「日本国が締結した条約及び確立された国際法規は、これを誠実に遵守することを必要とする」と、条約遵守義務を明記している。条約を守るのは義務であり、総括所見は国際社会の声であることを最高裁は自覚すべきである。

おわりに

梁英子弁護士は、家事事件を主に扱い、調停事件の受任件数は数えきれないほどで、家庭裁判所からの信頼も厚いという。にもかかわらず、外国籍というだけで、一四回も家事調停委員就任を拒否され続けている。

外国籍の人たちには、かつて弁護士になるにも高いハードルがあった。司法試験に合格しても、法曹資格に必要な司法修習は認められなかった。準公務員である司法修習生にも「当然の法理」は適用され、外国籍者は排除されていた。一九七七年に最高裁が外国籍者に門戸を開き、外国籍のまま弁護士になることが可能となったが、司法修習生の選考要項から国籍条項が削除されたのは、それから三〇年も後の二〇〇九年であった。

高いハードルは外国籍者だけではなく、女性に対してもあった。

一八九三年（明治二六年）に施行された弁護士法には「日本臣民ニシテ民法上ノ能力ヲ有スル成年以上ノ男子タルコト」という規定があり、女性は弁護士にはなれなかった。

一九三六年（昭和一一年）に弁護士法が改正され、二年後の高等文官試験に合格した久米愛、三淵嘉子、中田正子の三人が女性第一号の弁護士となった。三淵嘉子は、戦後の混乱の中で、家庭裁判所創設に宇田川潤四郎、内藤頼博らとともに奔走した。その後、三淵は女性初の家庭裁判所所長に就任する。中田正子は女性初の弁護士会会長に、久米愛は最高裁裁判官候補に日弁連より推薦される（ただし死去により女性初とはならなかった）。女性第一号弁護士の三人はそれぞれ険しい道を切り開いてきた。それに続く多くの女性弁護士が法曹に参画することにより司法制度は格段に充実してきたと言える。

現在、日本に中長期間滞在する外国人は、特別永住者を含めて約三〇〇万人に上る。調停に持ち込まれるのは日本人だけではない。生活習慣も文化も熟知した外国籍の調停委員の存在が、調停制度の充実に貢献することは疑う余地のないことである。

最高裁は、唯一憲法にのみ縛られる「憲法の番人」であり、差別を撤廃し、人権侵害をなくすことができる「人権の砦」として存在する。最高裁が、差別を放置したり、助長したりすることがあってはならない。そのように重要な機関だからこそ、私は、この問題においても、最高裁が一日も早く解決されることを期待する。

〈参考文献〉
近畿弁護士連合会外国籍の調停委員採用を求めるプロジェクトチーム委員　大杉光子弁護士作成資料
人種差別撤廃委員会の勧告は外務省のウェブサイトで確認できる。
https://www.mofa.go.jp/mofaj/gaiko/jinshu/pdfs/saishu3-6.pdf
https://www.mofa.go.jp/mofaj/files/000060749.pdf
https://www.mofa.go.jp/mofaj/files/000406782.pdf
空野佳弘「最高裁判所による外国人弁護士の調停委員就任拒否問題」『エトランデュテ』第2号二〇一八年四月二〇日
渋谷秀樹『憲法（第３版）』（有斐閣二〇一七年）
髙橋和之『立憲主義と日本国憲法第５版』』（有斐閣二〇二〇年）
清永 聡『家庭裁判所物語』（日本評論社二〇一八年）
日本女性法律家協会『日本女性法律家協会70周年のあゆみ～誕生から現在，そして未来へ～』（司法協会二〇二〇年）

坂本洋子（さかもとようこ）
ＮＰＯ法人 ｍネット・民法改正情報ネットワーク理事長。千葉商科大学非常勤講師（ジェンダー論）。フリージャーナリスト。著書に『法に退けられる子どもたち』（岩波ブックレット、二〇〇八年）など。

呉裕麻（おー　ゆうま）
2008年弁護士登録、香川県弁護士会、弁護士法人岡山香川架け橋法律事務所

金喜朝（きん　よしとも）
1993年弁護士登録、大阪弁護士会、ソルティオ法律事務所
分担執筆に、『裁判の中の在日コリアン 増補改訂版』（現代人文社、2022年）など

池田直樹（いけだ　なおき）
1986年弁護士登録、大阪弁護士会、上本町総合法律事務所
分担執筆に、『ケーススタディ障がいと人権』（生活書院、2009年）など

宮本恵伸（みやもと　よしのぶ）
2000年弁護士登録、京都弁護士会、こもれび法律事務所
分担執筆に、『刑事施設内医療を考える』（現代人文社、2009年）など

韓雅之（はん　まさゆき）
2002年弁護士登録、大阪弁護士会、森岡・山本・韓法律事務所
分担執筆に、『裁判の中の在日コリアン 増補改訂版』（現代人文社、2022年）など

崔信義（さい　のぶよし）
1991年弁護士登録、第一東京弁護士会、崔信義法律事務所
博士論文に、「医療過誤訴訟における最高裁判決の規範化に関する研究」（東北大学大学院法学研究科、2004年）など

大杉光子（おおすぎ　みつこ）
2000年弁護士登録、京都弁護士会、こもれび法律事務所
分担執筆に、『国際人権条約と個人通報制度』（日本評論社、2012年）など

申惠丰（しん　へぼん）
青山学院大学法学部教授、専攻は国際人権法
著書に、『国際人権法 第2版』（信山社、2016年）など

執筆者紹介

（執筆順）

吉井正明（よしい　まさあき）

1975 年弁護士登録、兵庫県弁護士会、神戸合同法律事務所

分担執筆に、『在日朝鮮人の基本的人権』（二月社、1977 年）など

梁英子（やん　よん　じゃ）

1993 年弁護士登録（2022 年引退）、兵庫県弁護士会（～ 2022 年）、まや法律事務所（～ 2022 年）

分担執筆に、『裁判の中の在日コリアン 増補改訂版』（現代人文社、2022 年）など

津久井進（つくい　すすむ）

1995 年弁護士登録、兵庫県弁護士会、弁護士法人芦屋西宮市民法律事務所

著書に、『災害ケースマネジメント◎ガイドブック』（合同出版、2020 年）など

白承豪（はく　しょうごう）

1993 年弁護士登録、兵庫県弁護士会、神戸セジョン外国法共同法律事務所

分担執筆に、『第 2 版 Q ＆ A 新韓国家族法』（日本加除出版、2015 年）など

野口義國（のぐち　よしくに）

1980 年弁護士登録、兵庫県弁護士会、野口法律事務所

著書に、『親をせめるな』（教育史料出版会、2009 年）など

空野佳弘（そらの　よしひろ）

1985 年弁護士登録、大阪弁護士会、空野佳弘法律事務所

分担執筆に、『日本における難民訴訟の発展と現在』（現代人文社、2010 年）など

安藤昌司（あんどう　まさし）

2007 年弁護士登録、奈良弁護士会、安藤法律事務所

殷勇基（いん　ゆうき）

1996 年弁護士登録、東京弁護士会

本書のテキストデータを提供いたします

本書をご購入いただいた方のうち、視覚障害、肢体不自由などの理由で書字へのアクセスが困難な方に本書のテキストデータを提供いたします。希望される方は、以下の方法にしたがってお申し込みください。

◎データの提供形式＝CD-R、メールによるファイル添付（メールアドレスをお知らせください）。

◎データの提供形式・お名前・ご住所を明記した用紙、返信用封筒、下の引換券（コピー不可）および200円切手（メールによるファイル添付をご希望の場合不要）を同封のうえ弊社までお送りください。

●本書内容の複製は点訳・音訳データなど視覚障害の方のための利用に限り認めます。内容の改変や流用、転載、その他営利を目的とした利用はお断りします。

◎あて先
〒160-0008
東京都新宿区四谷三栄町6-5 木原ビル303
生活書院編集部　テキストデータ係

キリトリ線

【引換券】
外国籍だと調停委員になれないの？

外国籍だと調停委員になれないの？

発　行――――― 2023年4月15日　初版第1刷発行
編　者――――― 日本弁護士連合会
発行者――――― 髙橋　淳
発行所――――― 株式会社　生活書院
〒160-0008
東京都新宿区四谷三栄町6-5 木原ビル303
ＴＥＬ 03-3226-1203
ＦＡＸ 03-3226-1204
振替 00170-0-649766
http://www.seikatsushoin.com
印刷・製本―― 株式会社シナノ

Printed in Japan

ISBN 978-4-86500-152-5

定価はカバーに表示してあります。
乱丁・落丁本はお取り替えいたします。